Herausgegeben von Hartmut Leppin,
Stefan Rebenich und Andreas Rödder

Karl-Christ-Preis für Alte Geschichte　　　BAND 6

Claudia Rapp

Elitekultur und christliche Religiosität in Spätantike und Byzanz

Verlag Antike

Bibliografische Information der Deutschen Nationalbibliothek:
Die Deutsche Nationalbibliothek verzeichnet diese Publikation in der
Deutschen Nationalbibliografie; detaillierte bibliografische Daten sind
im Internet über https://dnb.de/ abrufbar.

© 2024 Verlag Antike, Robert-Bosch-Breite 10, D-37079 Göttingen, ein Imprint der Brill-Gruppe
(Koninklijke Brill BV, Leiden, Niederlande; Brill USA Inc., Boston MA, USA; Brill Asia Pte Ltd,
Singapore; Brill Deutschland GmbH, Paderborn, Deutschland; Brill Österreich GmbH, Wien,
Österreich)
Koninklijke Brill BV umfasst die Imprints Brill, Brill Nijhoff, Brill Schöningh, Brill Fink, Brill mentis,
Brill Wageningen Academic, Vandenhoeck & Ruprecht, Böhlau, Verlag Antike und V&R unipress.
Alle Rechte vorbehalten. Das Werk und seine Teile sind urheberrechtlich geschützt.
Jede Verwertung in anderen als den gesetzlich zugelassenen Fällen bedarf der vorherigen
schriftlichen Einwilligung des Verlages.

Umschlagabbildung: Barbara Klemm, Porträt Karl Christ

Satz und Layout: disegno visuelle kommunikation, Wuppertal
Druck und Bindung: Hubert & Co, Ergolding
Printed in the EU

Vandenhoeck & Ruprecht Verlage | www.vandenhoeck-ruprecht-verlage.com

ISBN 978-3-911065-06-1

Sechste Verleihung des Karl-Christ-Preises für Alte Geschichte
am 1. April 2023 in Bern
an
Prof. Dr. Claudia Rapp

Vorbemerkung 7

Würdigung Karl Christs 9
Prof. Dr. Hartmut Leppin und Prof. Dr. Stefan Rebenich

Laudatio auf die Preisträgerin 15
Prof. Dr. Hartmut Leppin

Vortrag der Preisträgerin
„Elitekultur und christliche Religiosität in Spätantike und Byzanz" 29
Prof. Dr. Claudia Rapp

Schriftenverzeichnis der Preisträgerin 70

Bildnachweise 83

Preisträger des Karl-Christ-Preises 84

Vorbemerkung

Der Karl-Christ-Preis ist dem Andenken an den Marburger Althistoriker Karl Christ gewidmet (6. April 1923 – 28. März 2008). Mit dem Preis werden herausragende wissenschaftliche Leistungen auf dem Gebiet der Alten Geschichte und ihrer Nachbardisziplinen sowie der Wissenschafts- und Rezeptionsgeschichte des Altertums gewürdigt. Der Preis ist mit 25.000 Euro dotiert und wird im zweijährigen Turnus verliehen.

Vorschlagsrecht haben Mitglieder und Angehörige von Universitäten und Akademien sowie Fachverbände und wissenschaftliche Vereinigungen. Eine Selbstnomination ist nicht möglich. Stimmberechtigte Mitglieder der für die Verleihung des Preises verantwortlichen Kommission sind Prof. Dr. Stefan Rebenich (Vorsitzender, Universität Bern), Prof. Dr. Hartmut Leppin (Universität Frankfurt) und Prof. Dr. Andreas Rödder (Universität Mainz). Der Preis wird im Wechsel zwischen Frankfurt a.M. und Bern verliehen.

2023 jährte sich der Geburtstag Karl Christs zum hundertsten Mal. Aus diesem Anlass fand am 31. März und 1. April 2023 in Bern ein Symposium statt, das an Leben und Werk des Althistorikers erinnerte. Die Veranstaltung fand ihren Abschluss mit der Verleihung des Karl-Christ-Preises.

Karl Christ (1923-2008)

Karl Christ

Karl Christ war eine einzigartige Gestalt unter den deutschen Althistorikern seiner Zeit. Denn er verband quellengesättigte Spezialforschung mit synthetischer Kraft und der Bereitschaft, die Geschichte seines Faches auch in ihren Schattenseiten zu erforschen. Sein Weg in die Wissenschaft war schwierigen äußeren Bedingungen abgerungen. Unter beengten Verhältnissen in Ulm aufgewachsen, wurde der 1923 Geborene sofort nach dem Abitur in die Wehrmacht eingezogen. Sieben lange Jahre verbrachte er erst im Krieg und dann in russischer Gefangenschaft, mehr als einmal stand ihm der Tod vor Augen.

Nach Deutschland zurückgekehrt, widmete er sich in Tübingen dem Studium der Altertumswissenschaften. Seine Begeisterung für Lehrer wie Wolfgang Schadewaldt, Otto Weinreich, Walter Jens, Bernhard Schweitzer und Joseph Vogt bewahrte er sich bis ins hohe Alter. Geprägt durch diese Forscherpersönlichkeiten, verstand er sich stets als Altertumswissenschaftler. Finanziell waren es entbehrungsreiche Jahre: Seine legendär kleine Handschrift erklärte er damit, dass er als Student auf die Ränder von Zeitungen habe schreiben müssen. Das änderte sich, als Joseph Vogt ihn erfolgreich für die Studienstiftung des deutschen Volkes vorschlug – nachdem der Student ihm bei der Deutung Thornton Wilders energisch widersprochen hatte. Dank des Stipendiums konnte Christ auch in Zürich bei Ernst Meyer studieren.

1953 wurde er mit einer Arbeit über Drusus den Älteren promoviert. Schon hier setzte er sich mit dem Thema des römischen Germaniens auseinander, das ihn sein Forscherleben lang faszinieren sollte. Sein Interesse an der Numismatik konnte er weiterpflegen, als er als Stipendiat nach München kam, um an dem großen Projekt zur Erschließung der römischen Fundmünzen in Deutschland zu arbeiten. Zahlreiche numismatische und geldgeschichtliche Studien, zu griechischen wie zu römischen, aber auch zu keltischen Münzen entstanden hier – und schon in diesen Arbeiten erkennt man oft das Interesse an der Wissenschaftsgeschichte, in die er die Spezialstudien einbettete. Die 1959 eingereichte Habilitationsschrift galt antiken Münzfunden Südwestdeutschlands und stellte eine erste historische Synthese der Ergebnisse der Untersuchung von Fundmünzen dar.

Hartmut Leppin, Stefan Rebenich

Eine Dozentur in Marburg bei Fritz Taeger, dem er stets Verehrung entgegenbrachte, ermöglichte es ihm, die akademische Laufbahn fortzusetzen. Während der Vakanz, die durch den plötzlichen Tod Taegers 1960 eingetreten war, hielt er den Seminarbetrieb aufrecht, dann trat er aber ins Glied zurück; ihm wurde als Dozenten sogar zugemutet, die Bücherausleihe der Seminarbibliothek zu übernehmen. Die quälende Ungewissheit über den weiteren beruflichen Weg fand ein Ende, als er 1965 einen Ruf auf einen Lehrstuhl an der Universität Marburg erhielt; Angebote aus Aachen und Zürich schlug er später aus.

In der Zeit der Studentenrevolte gehörte Karl Christ zu den wenigen Professoren, die den Gesprächsfaden mit den Studierenden weiterführten. Er scheute sich nicht, auch marxistische Positionen im Seminar zu behandeln – was ihm das Misstrauen, ja die Feindschaft vieler Kollegen eintrug. Trotz aller hochschulpolitischer Kämpfe, unter denen er sehr litt, verstand Christ es, in diesen Jahren neue Schwerpunkte zu entwickeln. Er begann, sich intensiv mit der Wissenschaftsgeschichte zu beschäftigen. Bezeichnend für ihn ist, dass die erste Monographie zu dem Thema – *Von Gibbon zu Rostovtzeff* von 1972 – biographisch orientiert war. Ihm war es darum zu tun, die Gelehrten in ihrem Kontext zu würdigen und ihre Leistung sichtbar werden zu lassen. Zahlreiche weitere Arbeiten entstanden, Einzelstudien, aber auch größere Synthesen, namentlich *Römische Geschichte und deutsche Geschichtswissenschaft* (1982), *Neue Profile der Alten Geschichte* (1990), *Hellas. Griechische Geschichte und deutsche Geschichtswissenschaft* (1999) und *Klios Wandlungen. Die deutsche Althistorie vom Neuhumanismus bis zur Gegenwart* (2006). Noch kurz vor seinem Tod im Jahr 2008 erschien seine Biographie Alexander Graf von Stauffenbergs.

Konsequent wie er war, standen bei ihm stets Personen, die einzelnen Gelehrten im Zentrum. Institutionen widmete er kaum Aufmerksamkeit, von Diskursen mochte er nicht sprechen. Indem er aber die Standortgebundenheit aller Forschenden hervorhob, schuf er ein neues Fundament für die Selbstreflexion des Faches. Zugleich stellte er unentbehrliche Arbeitsgrundlagen bereit: Er und seine Mitarbeiter – viele Studierende und Promovierende ließen sich für das neue Forschungsgebiet gewinnen – trugen enorm viel verstreutes Material zusammen, um den einzelnen Gelehrten gerecht zu werden. Besonders mutig war, dass Christ auch die Geschichte des Faches im Nationalsozialismus und in der DDR bearbeitete. Es ließ sich hierbei nicht vermeiden, auch von persönli-

Würdigung Karl Christs

chem Versagen zu sprechen, wenngleich Christ das schwerfiel. Er sah sich nicht als Richter, sondern als Bewahrer des Andenkens. Besonders schwierig zu beurteilen waren für ihn jene Gelehrte, denen er sich persönlich verpflichtet fühlte.

Seine wissenschaftsgeschichtlichen Studien brachten Christ zunächst außerhalb seiner Disziplin und im Ausland mehr Anerkennung ein als im eigenen Land, wo er sich erst später als Trendsetter entpuppte – um ein Wort zu gebrauchen, das so gar nicht zu ihm paßte. Besonders wichtig war ihm die Anerkennung durch Arnaldo Momigliano, dem aus Italien vertriebenen jüdischen Gelehrten, der eine große Tradition der Wissenschaftsgeschichte begründet hatte. Dass Momigliano, der viele Angehörige in deutschen Konzentrationslagern verloren hatte, 1986 die Marburger Ehrendoktorwürde annahm, bedeutete Karl Christ viel.

Neben der Numismatik und der Wissenschaftsgeschichte bildeten die großen althistorischen Überblicksdarstellungen seinen dritten Schwerpunkt. Beginnend mit der Darstellung des Römischen Weltreiches von 1973, schuf er immer mehr Werke, die auch ein breiteres Publikum anzogen. Dabei beeindruckten insbesondere die Klarheit der Darstellung und die Reinheit des Stils. So gelang es ihm, zentrale Themen wie den Untergang der Römischen Republik, die Person Caesars oder die Geschichte der Römischen Kaiserzeit anspruchsvoll zugänglich zu machen. Christ wurde durch seine Bücher zu einem der angesehensten Repräsentanten der Alten Geschichte in Deutschland.

Karl Christ war ein äußerst beliebter, bisweilen nachgerade verehrter akademischer Lehrer. Lebhafte Diskussionen prägten seine Seminare. Trotz der großen Menge an Teilnehmern wandte er sich jedem Einzelnen zu, las Seminararbeiten ebenso pünktlich wie sorgsam durch und besprach jede Arbeit mit großem Wohlwollen; schwache Studierende verachtete er nicht, sondern suchte sie zu fördern. Seine Vorlesungen Montags 10-12 waren ein Ereignis; nicht nur Geschichtsstudenten zählten zu den Hörern. Zahlreiche Examensarbeiten, Dissertationen und mehrere Habilitationen entstanden unter seiner Ägide. Um seine Schüler kümmerte er sich mit größter Anteilnahme, bemühte sich um Stipendien, um Kontakte und stand stets für Ratschläge zur Verfügung.

Er war dagegen kein Mann der akademischen Selbstverwaltung; dem stand schon sein aufbrausendes Temperament entgegen. Er war auch kein Freund großer Kongresse. Auf Drängen italienischer Kollegen führte er eine Serie

Hartmut Leppin, Stefan Rebenich

deutsch-italienischer Tagungen durch. Sie waren glänzend vorbereitet, und ihnen sind bedeutende Sammelbände zu verdanken, doch Christ fühlte sich am wohlsten an seinem Schreibtisch in der Nähe seiner Familie, wenngleich oft hinter der verschlossenen Tür seines Arbeitszimmers. Er freute sich, als eine Schülerin das Bild gebrauchte, er sei an seinen Schreibtisch festgekettet wie Prometheus an seinen Fels. In dieser vertrauten Atmosphäre schrieb er mit strenger Disziplin seine Bücher, Aufsätze, Rezensionen – und seine Briefe. Auch wenn Christ sich selten außerhalb Marburgs zeigte, stand er mit vielen Kollegen in Kontakt. Seine Briefe waren eindringlich geschrieben und wohlkomponiert. Stets wusste er die richtigen Worte des Dankes, der Ermunterung oder auch der Mahnung zu finden.

Im Fach galt Karl Christ lange als Außenseiter. Mit seinen wissenschaftsgeschichtlichen Arbeiten und seinen Synthesen war er seiner Zeit voraus und sah sich teils bösartigen Angriffen ausgesetzt. Doch die nachfolgende Generation von Altertumswissenschaftlern, aber auch die Öffentlichkeit brachten ihm immer größere Anerkennung entgegen, die in der Berliner Ehrenpromotion von 1993 gipfelte.

Karl Christ war es immer ein großes Anliegen, Vielfalt in den Altertumswissenschaften zu fördern und das Lebenswerk von Gelehrten sichtbar werden zu lassen. Genau dies ist auch die Idee, die hinter der Stiftung des Karl-Christ-Preises steht, mit dem „herausragende wissenschaftliche Leistungen auf dem Gebiet der Alten Geschichte und ihrer Nachbardisziplinen sowie der Wissenschafts- und Rezeptionsgeschichte des Altertums ausgezeichnet" werden. Dem Stifter, der ungenannt bleiben will, ist es so gelungen, eine würdige und angemessene Art zu finden, das Andenken an den großen Gelehrten zu bewahren.

Hartmut Leppin
Stefan Rebenich

Aus Anlass des 100. Geburtstages von Karl Christ liest sein Enkel, der Historiker Dr. Martin Christ, aus dem Werk seines Großvaters.

Laudatio auf die Preisträgerin
Prof. Dr. Claudia Rapp[1]

Hartmut Leppin

Der Karl-Christ-Preis zeichnet im zweijährigen Turnus herausragende wissenschaftliche Leistungen auf dem Gebiet der Alten Geschichte und ihrer Nachbardisziplinen sowie der Wissenschafts- und Rezeptionsgeschichte des Altertums aus. Erstmals wird mit der diesjährigen Preisträgerin Claudia Rapp die Vertreterin einer Nachbardisziplin gewürdigt, allerdings eine Persönlichkeit, die mit ihren eigenen Forschungen weit in die Alte Geschichte hineinwirkt. Gleichwohl: Sie ist der Denomination, der Ausbildung und den Interessen nach Byzantinistin.

Byzantinistin – das ist nicht in diesem Kreis hier, aber doch in vielen anderen Kontexten gewiss eine schwierige Selbstbezeichnung. Die Byzantinistik hat bekanntlich keinen guten Ruf in der breiteren Öffentlichkeit, soweit man überhaupt von ihrer Existenz weiß. Sie ist ein kleines Fach, ein sogenanntes Orchideenfach, ein Fach überdies, das sich mit einem Gegenstand befasst, der schon als solcher wenig Ansehen genießt. Seit der Begriff Byzanz im 16. Jahrhundert von Hieronymus Wolf (1516–1580) geprägt wurde, ist er negativ besetzt.[1] Schlägt man etwa im Deutschen Wörterbuch, der Neubearbeitung des Grimm'schen Wörterbuchs, das Stichwort „byzantinisch" nach, so wird man zwar darauf hingewiesen, dass das Wort vom Ortsnamen Byzanz abgeleitet sei, doch wird nur eine Bedeutung gegeben: „schmeichlerisch, kriecherisch; auch 'pompös, inhaltsleer'. in anlehnung an die dem byzantinischen hof zugeschriebenen gebräuche." Zwei Belege, die das Wörterbuch anführt, seien zitiert. 1845 schreibt Karl August von Varnhagen in seinem Tagebuch über die Lage in Berlin: „Am hofe hält man sich mit den geringsten läppereien hin, mit byzantinischen streitigkeiten".[3] 1913 erklärte Karl Liebknecht in einer seiner Rede: „ich habe gestern davon gesprochen, wie die erinnerung an das jahr 1813 von der deutschen stu-

---
1 Für wichtige Hinweise danke ich Stefan Rebenich und Katharina Stadler.
2 C. Rapp, Zerrspiegel, Streiflichter und Seitenblicke: Perspektiven der Byzantinistik heute. (Das mittelalterliche Jahrtausend 9) Göttingen 2023, 16.
3 K. A. Varnhagen von Ense, Tagebücher. Bd. 3, Leipzig 1862.

dentenschaft durchaus nicht würdig gefeiert wird, wenn sie sich in byzantinischen schlangenwindungen bemüht, an allerhand höfischen feierlichkeiten teilnehmen zu können."[4]

Dieser Sprachgebrauch hält sich auch in der modernen Presse, soweit sie einen gewissen Bildungsanspruch hat. Gelernt habe ich bei der Vorbereitung auf die Laudatio, dass der Begriff des Byzantinischen Fehlers in der Informationstechnik gebräuchlich ist und den Zustand beschreibt, wenn ein System ein fehlerhaftes Element hat, dessen Verhalten sich nicht vorhersehen lässt. Das sei abgeleitet davon, dass byzantinische Generäle nicht hätten vertrauensvoll miteinander zusammenarbeiten können.[5] Hier findet sich mithin noch ein anderer Aspekt der negativen Konnotationen des Byzantinischen.

Wenn ich recht sehe, spielt das Wort anders als in Deutschland und in Österreich in der freiheitsliebenden, nicht mit jüngeren monarchischen Traditionen geschlagenen Schweiz keine große Rolle, außer neuerdings – in der Fußballwelt, wenn es um Spiele der Schweiz mit ihren Stars kosovarischer Herkunft gegen Serbien geht. Im Falle eines Misserfolgs der Serben, wird ihnen gerne durch eine Geste der Hände der albanisch-kosovarische Doppeladler gezeigt. Nach den Äußerungen im Netz zu schließen, sind die Fußballfans sich darüber einig, dass er byzantinischer Herkunft sei, doch wird in den Foren darüber gerätselt, ob das wohl auch für den *serbischen* Doppeladler gelte.[6] Man hätte sich an Claudia Rapp wenden können, und sie hätte gewiss bestätigt, ja, auch in Serbien spielt die byzantinische Tradition eine große Rolle. Hier zeigt sich schon ein ganz anderer Bezug von Byzanz, die Verflechtung der Byzantinischen Geschichte mit vielen Regionen Eurasiens: hier die immense Bedeutung von Byzanz und der mit Byzanz unlösbar verbundenen orthodoxen Kirche für Prozesse religiöser und politischer Legitimation in Osteuropa. In der Region ist das Byzantinische Reich mit großen Erinnerungen verbunden, was dann indes nicht nur im Fußball auch aggressive Vorstellungen legitimieren kann. Byzanz vermag somit durchaus ein gegenwartsbezogenes Interesse auf sich zu ziehen, wenn man über Westeuropa hinausblickt.

---

4   K. *Liebknecht*, Gesammelte Reden und Schriften 6. Januar bis Dezember 1913. Berlin 1964, 201. Im modernen Gebrauch wird etwa der Vatikan als byzantinischer Hofstaat bezeichnet (https://religion.orf.at/v3/stories/2940581/; 03.02.2024).
5   https://de.wikipedia.org/wiki/Byzantinischer_Fehler (03.02.2024).
6   https://www.derstandard.de/story/2000141412680/serbien-gegen-schweiz-ein-spiel-mit-politischem-zuendstoff (03.02.2024).

Laudatio auf die Preisträgerin Prof. Dr. Claudia Rapp

Das Fach Byzantinistik kann, im deutschsprachigen Raum zumindest in Deutschland und Österreich, studiert werden. Es wird von der Lifestyle-Plattform Desired.de gewürdigt, in einer Serie über, wie es heißt, außergewöhnliche Studiengänge. Die Überschrift lautet: *Crazy oder?*[7]

41 Studierende der Byzantinistik gab es 2022 bundesweit in Deutschland, davon – und das ist durchaus beachtlich – 23 aus dem Ausland,[8] also mehr als die Hälfte. Auch dies zeigt, dass der negative Blick auf Byzanz Ausdruck eines möglicherweise engstirnigen Okzidentalismus sein könnte.

Wie kommt man dann aber zur Byzantinistik? Das ist sicherlich im Einzelfall sehr unterschiedlich. Bei manchen, die heute das Fach studieren, mag es auch mit Identitätsfragen zu tun haben. Claudia Rapp ist den Weg über die Altertumswissenschaften gegangen, indem sie an der Freien Universität Berlin Griechisch und Geschichte auf Lehramt studierte. Beim Griechischstudium begegnete sie auf einer Exkursion mit Dieter Harlfinger nach Wolfenbüttel den griechischen Handschriften aus byzantinischer Zeit; auf einer Exkursion mit Paul Speck und Diether Reinsch lernte sie die Hagia Sophia kennen und ließ sich von dem Raum in den Bann schlagen. Paul Speck brachte ihr auch die Hagiographie nahe, während sie durch Ralph-Johannes Lilie ihre historische Schulung erhielt.[9] 1984, nach ihrer Zwischenprüfung, entschied sie sich, nach Oxford zu wechseln, ein biographisch entscheidender Schritt. In Oxford warf sie sich auf die Byzantinistik; sie wollte die spätere Tradition nicht nur als Überlieferungsweg kennenlernen, sondern die Zeit selbst erforschen, als Epoche eigenen Rechts. So näherte sie sich dem Thema an, das in ihr erstes großes Buch münden sollte, nämlich Epiphanios von Salamis, Salamis auf Zypern, um Missverständnisse zu vermeiden. Epiphanios war im 4. Jahrhundert Bischof der Stadt, ein Förderer des Mönchtums, ein leidenschaftlicher Kämpfer gegen origenistische Vorstellungen – übrigens keine besonders sympathische Gestalt. Gleichwohl gehört er zu den ersten spätantiken Bischöfen, die Heilige wurden; eine Vita des 5. Jahrhunderts ist ihm gewidmet. Auf diesen Text warf Claudia Rapp sich für ihren DPhil in Oxford. Dort war Cyril Mango ihr wichtigster Anreger, der mit

---

7 https://www.desired.de/karriere/ausbildung-studium/aussergewoehnliche-studiengaenge/#studiengang-byzantinistik (03.02.2024).
8 https://www.destatis.de/DE/Themen/Gesellschaft-Umwelt/Bildung-Forschung-Kultur/Hochschulen/Publikationen/_publikationen-innen-hochschulen-studierende-endg.html (03.02.2024).
9 C. *Rapp*, Holy Bishops in Late Antiquity: The Nature of Christian Leadership in a Time of Transition. Berkeley 2015, XI.

seinen byzantinistischen Studien, die die Kunstgeschichte, aber auch die Literatur und Inschriften betrafen, die Breite eines Faches repräsentierte, das sich noch nicht in Spezialdisziplinen aufgeteilt hatte. Hinzu kamen als prägende Gestalten zwei Historiker: James Howard-Johnston, der engagiert Militärgeschichte betrieb und so auch das Verhältnis zwischen Ostrom und den östlichen Nachbarn in der späten Spätantike erkundete; der zweite war Michael Whitby, ein vor allem an Historiographie interessierter Althistoriker, der sich ebenfalls mit der Spätantike befasste und dessen *tough dialectic* Claudia Rapp rühmt. Schon da zeichnete sich ab: Claudia Rapp ist nicht darauf angewiesen, auf bequemen Stühlen zu sitzen; sie *sitzt* wissenschaftlich nicht zwischen den Stühlen, *bewegt* sich aber gerne zwischen ihnen.

Das alles klingt nach einem schönen, hindernisfreien Weg, und im Rückblick erscheint eine Karriere wie die von Claudia Rapp gleichsam selbstverständlich – doch, und das sollten gerade diejenigen wissen, die über eine wissenschaftliche Karriere nachdenken und die sich vielleicht von manchen vermeintlich besonders erfolgreichen *cursus honorum* abschrecken lassen: kein Karriereweg verläuft ohne Rückschläge. Claudia Rapp hatte anderthalb Jahre auf Anastasius Persa, einen Heiligen des 7. Jh. verwandt, als sie erfuhr, dass eine vergleichbare Arbeit kurz vor der Fertigstellung stand. Ein harter Schlag.

Aber sie ließ sich nicht entmutigen und machte weiter, indem sie sich die Vita des Epiphanios erschloss: In der Oxforder Zeit begann zudem die Produktion zahlreicher Aufsätze, die Rapp in renommierten Zeitschriften platzierte, so den ersten gleich in der Byzantinischen Zeitschrift, aber auch in den Dumbarton Oaks Papers oder in Traditio. Die Erstlingspublikation trug den soliden Titel: ‚Ein bisher unbekannter Brief des Patriarchen Gregor von Zypern an Johannes II. Sebastokrator von Thessalien'.[10] Es handelt sich um die Edition mit Übersetzung und historischer Einordnung eines Schreibens aus dem 13. Jahrhundert, das Claudia Rapp in einem Codex der Bodleian Library in Oxford entdeckt hatte. Hier zeigen sich handwerkliche Qualitäten, die Grundlage für jegliche wissenschaftliche Arbeit in den historischen Geisteswissenschaften sind, auch wenn sie am Ende weit ausgreifen.

---

10 Byzantinische Zeitschrift 81, 1988, 12-28.

Laudatio auf die Preisträgerin Prof. Dr. Claudia Rapp

Hartmut Leppin (Laudatio)

Andere frühe Arbeiten zeigen schon die bemerkenswerte Spannbreite, die Claudia Rapps Werk auszeichnet. 1998 erschien im *Journal of Theological Studies* der bis heute vielzitierte Aufsatz *Imperial Ideology in the Making: Eusebius of Caesarea on Constantine as 'Bishop'*.[11] Hier zeigt sie, wie Euseb bereits kurz nach dem Tod Constantins ein Bild des Kaisers entwirft, das vieles vorwegnimmt, was später ins Zentrum des byzantinischen Hofzeremoniells treten sollte, namentlich die Mosestypologie, die die Rolle eines Bischofs, aber auch Christus evoziert – und nebenbei sei darauf hingewiesen, dass hier bereits von verschiedenen Formen der Autorität die Rede ist (690–2); auf deren Bedeutung komme ich noch zu sprechen. In dem Aufsatz betreibt Rapp einerseits *close reading* eines strittigen Texts und spannt einen ideengeschichtlichen Bogen, der von Philon von Alexandria im 1. Jahrhundert bis Georgios Kodinos im 14. Jahrhundert reicht, da dieser unter anderem über das Hofzeremoniell informiert.

Diese vielfältigen Arbeiten, von denen ich nur einen kleinen Ausschnitt vermittelt habe, führen auf ihre erste Monographie zu, die durch eine unge-

---

11 C. Rapp, Imperial Ideology in the Making: Eusebius of Caesarea on Constantine as 'Bishop', in: Journal of Theological Studies, n.s. 49, 1998, 685-695.

wöhnliche Breite der Quellenkenntnis und zugleich durch konzeptionelle Stärke geprägt ist. *Holy Bishops in Late Antiquity: The Nature of Christian Leadership in a Time of Transition*, zuerst 2005 publiziert, dann 2013 als Paperback. Das Buch ist, und das erscheint wiederum für die räumliche Orientierung der Byzantinistik aufschlussreich, ins Rumänische übersetzt worden, eine Übersetzung ins Mazedonische ist in Vorbereitung. Bevor ich auf das Werk inhaltlich zu sprechen komme, sind jedoch weitere geistige Einflüsse zu würdigen, die das Buch erst möglich machten, das so weit über das hinausweist, was dem DPhil zugrunde lag.

Claudia Rapp ging 1992 nach Amerika. Dort war sie überwiegend an der University of California in Los Angeles tätig, der UCLA; zwischendurch arbeitete sie auch an der Ostküste, an der Cornell University. In Amerika fand sie ein anregendes Umfeld vor; mehr als alle andere inspirierte sie der große Peter Brown, ein Forscher, der, wie alle wissen, die ihn kennengelernt haben, einen ungeheuren und kreativen Forschungsausstoß mit großer *humanitas* und Zugewandtheit verbindet. Die Art, wie er nach der Verbindung von Geschichte und Theologie, Religion und Macht fragt, hat Claudia Rapp sichtlich befeuert, als sie das Buch über die heiligen Bischöfe verfasste. Ihr schon früh erkennbares Interesse an Bischöfen verbindet sie mit dem Konzept des *holy man*, das Peter Brown so eindringlich entwickelt hatte.[12] Die andere Pointe des Buches liegt darin, dass Rapp sich von der Dichotomie zwischen Säkularem und Religiösem löst, die sich als unfruchtbar erwies, und statt dessen verschiedenen Formen der bischöflichen Autorität erörtert: nämlich spirituell, asketisch und pragmatisch. Dabei vermeidet sie das Konzept der charismatischen Autorität, das sich auf Max Webers Lehre von den Typen legitimer Herrschaft zurückführen lässt, auch wenn Rapp methodisch seinem Verfahren der Idealtypenbildung durchaus verpflichtet zu sein scheint. Die Formen der Autorität, die Rapp unterscheidet, sind zwar analytisch scharf zu trennen, im Einzelfall aber in unterschiedlicher Weise verbunden und stehen stets in einem dynamischen Verhältnis zueinander. So kann die spirituelle und asketische Autorität als Grundlage der Eignung für das Bischofsamt gelten, womit sich der Gegensatz von Askese und Bischofsamt auflöst; die Askese kann vielmehr mit spiritueller und pragmatischer Autorität verbunden sein.

---

12 P. *Brown*, The Rise and Function of the Holy Man in Late Antiquity, in: Journal of Roman Studies 61, 1971, 80-101, ergänzter Widerabdruck in: Ders., Society and the Holy in Late Antiquity. Berkeley 1982, 103-152.

Laudatio auf die Preisträgerin Prof. Dr. Claudia Rapp

Nachdem Rapp die verschiedenen Formen der Autorität erläutert hat, behandelt sie im zweiten Teil in lockererer Systematik verschiedene Handlungskontexte spätantiker Bischöfe, stellt also die pragmatische Autorität der Bischöfe in den Vordergrund, deren öffentliche Rolle sich stetig erweiterte. Sie beginnt mit zwei Gestalten, die ganz unterschiedliche Welten zu repräsentieren scheinen, Synesios von Kyrene, der einer Familie der regionalen Elite entstammte und eine bemerkenswerte pragmatische Autorität besaß, und Theodor von Sykeon, der sich aus einfachsten Verhältnissen emporgearbeitet hatte und vor allem durch seine asketische Autorität überzeugte. Beide konnten aber als Interessenvertreter und Wohltäter ihrer Gemeinschaften wirken, was erneut die Komplexität der Autoritätsrollen belegt.

Aufgrund ihrer souveränen Kenntnis von Bischofsviten erörtert Rapp sodann die sozialen Kontexte, die Städte in ihrer Materialität – wobei sie auch archäologische Quellen heranzieht –, die Rolle der Bischöfe auf Reichsebene, wenn sie auf der einen Seite bestimmte richterartige Funktionen ausüben, auf der anderen mit dem Kaiser kommunizieren, und schließlich die Bischöfe insgesamt im städtischen Kontext. Rapp definiert sie im Osten als neue städtische Funktionäre, was sie von der bischöflichen Stadtherrschaft unterscheidet, die sich in Teilen des Westens ausbildete (11). Die bischöfliche Rolle als städtische Funktionäre habe auch nicht dazu geführt, dass die spirituelle Dimension des Amtes verschwand. Die verstorbenen heiligen Bischöfe seien Teil der lokalen Identität geworden. Es entsteht so ein äußerst vielschichtiges Bild der Rolle heiliger spätantiker Bischöfe. Das Buch kann inzwischen als Klassiker bezeichnet werden. Es hat entscheidend dazu beigetragen, ein differenzierteres Verständnis von Macht und Akzeptanz spätantiker Bischöfe zu gewinnen.

Claudia Rapp gehörte seither definitiv zur ersten Reihe der Forscherinnen und Forscher zur Spätantike, namentlich der langen Spätantike, und von Byzanz. Sie stieg auch in der akademischen Hierarchie weiter auf, zur *Full Professor* am *Department of History* an der UCLA. Doch ihre Karriere sollte nicht in der Nähe von Hollywood enden, sondern führte sie nach Europa zurück und, wie sie es einmal ausgedrückt hat, ins Schlaraffenland der Byzantinistik,[13] nach Wien, das als Standort von Universität und Akademie eine ungewöhnliche Menge von

---

13 https://web.archive.org/web/20150608171225/https://science.orf.at/stories/1759653 (03.02.2024).

Hartmut Leppin

Ressourcen für Forschungen über Byzanz und benachbarter Gebiete bietet. Am neuen Standort, an beiden großen Institutionen, hat sie eine außerordentlich erfolgreiche Aktivität entfaltet, worauf ich gleich noch zu sprechen komme.

Zunächst geht es noch um ihre Forschung: Mit ihrer zweiten, 2016 erschienenen großen Monographie *Brother-Making in Late Antiquity and Byzantium* wendet Rapp sich einem assoziationsreichen Thema zu, dem sie schon 1997 einen ersten Aufsatz gewidmet hatte.[14] *Adelphopoiesis*, die Wahlverschwisterung, eine offenbar einzigartige Form ritueller Verwandtschaftsbildung, ist in byzantinischer Zeit vielfach bezeugt, zunächst zwischen Mönchen, dann auch zwischen säkularen Personen. Liturgische Handbücher aus der Zeit vom späten 8. bis zum 16. Jahrhundert informierten über die entsprechenden Rituale. Zugleich erregte die Wahlverschwisterung Misstrauen, auch weil die neuen Brüder sich anderen Vergemeinschaftungsformen zu entziehen drohten. Denn zwei Männer (Frauen sind in dem Kontext nur selten bezeugt) beschlossen, einander als Brüder zu sehen und in einer besonderen spirituellen und räumlichen Nähe zu leben. Vielleich auch in physischer Nähe? Ging es darum, homosexuellen Lebensformen durch Adelphopoiesis eine besondere Dignität zu verleihen? Es leuchtet unmittelbar ein, dass dieses Ritual manche Phantasien geweckt hat, auch Hoffnungen darauf, homosexuelle Traditionsstiftung zu fördern.

John Boswells einflussreiche Forschungen zur Geschichte der Homosexualität interpretierten die Akzeptanz der Adelphopoiesis als einen Ausdruck der Duldung homosexueller Praktiken in mittelalterlichen Kirchen.[15] Schien somit die Adelphopoiesis nicht ein großartiges Beispiel für die Modernität der byzantinischen Gesellschaft zu sein, das man in eine neugierige Öffentlichkeit hätte tragen können? Claudia Rapp hätte es sich leicht machen können. Sie hätte diese Hoffnungen bestätigen können, doch sie ist eine Historikerin, die sich vor leichtfertigen Modernebezügen hütet, und sie ist auch eine faire Mitforscherin, die mit großem Respekt das Anliegen, die Erträge und die Schwächen von Boswells Deutung diskutiert.

Sie kontextualisiert das Phänomen der Wahlverschwisterung, verweist auf die seit der Spätantike bestehende Tradition, kleinere monastische Gemein-

---

14 C. *Rapp*, Brother-Making in Late Antiquity and Byzantium: Monks, Laymen, and Christian Ritual. Oxford 2016.
15 Vor allem J. *Boswell*, Rediscovering Gay History: Archetypes of Gay Love in Christian History. London 1982.

Laudatio auf die Preisträgerin Prof. Dr. Claudia Rapp

schaften zu bilden, und zeigt so, dass die rituelle Verschwisterung (gr. *adelphopoiesis*) keineswegs homoerotische Beziehungen verkappen sollte, sondern vornehmlich als ein wichtiges Mittel der Netzwerkbildung zwischen Mönchen jenseits der großen Klöster diente, als ein Ausdruck von Homosozialität. Dadurch löst sich der Gegensatz zwischen Eremitentum und Koinobitentum auf, der oft noch die Geschichte des frühen Mönchtums dominiert.

Erneut beeindruckt Rapps Buch durch die Breite der Kenntnis an Quellen, die sich über ein Jahrtausend erstrecken und auch bei Historikern unbeliebte Quellengattungen wie Gebetsbücher einschließen. Teils aus Manuskripten heraus erarbeitet sie sich ihr Material. Zugleich ist das Buch anthropologisch informiert, ohne eine theoretische Imponiersprache zu verwenden. Fallstudien machen die Lektüre lebendig, und der Blick geht auch über Byzanz hinaus, zu Wahlverschwisterungen im 20. Jahrhundert, mit Anmerkungen zu einem Roman von Nikos Kazantzakis, zu russischer Literatur des 19. und 20. Jahrhunderts; nicht zuletzt findet sich das bewegende Bild der Wahlverbrüderung zweier junger Männer in Serbien 1977. Schließlich wird die Verbindung zweier gemeinsam reisender Syroginnen in einer Adelphopoiesis durch den syrisch-orthodoxen Bischof von Jerusalem erwähnt – auf dessen Vorschlag hin (50–53). So entsteht ein Buch, das auf der Grundlage eindrucksvoller detektivischer und philologischer Arbeit eine weite Perspektive eröffnet.

Ich könnte noch zahlreiche weitere Aufsätze würdigen und täte es auch gerne, doch dafür fehlen hier der Raum und die Zeit; Claudia Rapps Literaturliste umfasst mehr als 90 Titel, und da sind kleinere Beiträge und Rezensionen noch nicht einbegriffen. Wichtiger erscheint es mir, auch andere Aspekte von Claudia Rapps wissenschaftlicher Leistung zu würdigen: Obwohl, vielleicht auch gerade weil sie methodisch einer konsequenten Historisierung verpflichtet ist, schottet Claudia Rapp sich nicht von der Gegenwart ab. Erst jüngst hat sie bei Wallstein eine kleine Schrift mit dem Titel: *Zerrspiegel, Streiflichter und Seitenblicke. Perspektiven der Byzantinistik heute* vorgelegt. Der Titel ist auch eine Referenz auf ihren Lehrer Cyril Mango, der das Bild des Zerrspiegels verwendete, um das byzantinische Schrifttum zu charakterisieren.[16] Rapp ist optimistischer als ihr Lehrer, was die Möglichkeit angeht, das Bild einer dynamischen Gesellschaft in Byzanz zu entwickeln, spricht aber sehr deutlich an, wie durch Scheuklappen

---

16 Dazu Rapp in diesem Band.

Hartmut Leppin

und Befangenheiten in der Forschung unreflektierte politische Prägungen zu Missverständnissen führen, so dass selbst scheinbar nüchterne Textgattungen wie Kataloge und Regesten Perspektiven auf Mehrsprachigkeit oder sexuelle Gewalt gegen Frauen verschwinden lassen. Sie plädiert dafür, das spezialisierte Wissen ihres Faches so zu vermitteln, dass der Kontakt mit anderen Disziplinen erleichtert wird. Am Schluss verbindet sie eine Vogelperspektive, die die Einbindung von Byzanz in den eurasischen Raum erlaubt, mit einer Froschperspektive. Dabei handelt es sich einerseits um Geschichte von unten im klassischen Sinne und andererseits um Umweltgeschichte; aber in charakteristischer Weise betont sie, dass man nach wie vor in Manuskripten Neues finden könne und verweist so implizit auf ihr Ursprungsinteresse an der Byzantinistik.

Claudia Rapp hat sich zudem unter dem weitreichenden Titel *Was die Welt zusammenhält* einer Diskussion gestellt, die sie mit dem Filmregisseur Stefan Ruzowitzky im Radiokulturhaus des ORF geführt hat.[17] Daraus ist ein wichtiger Beitrag entstanden, der in eine breitere Öffentlichkeit hineinwirkt.

Wie Claudia Rapp eine brillante Karriere durchlaufen hat, habe ich *en passant* erwähnt und muss es nicht wiederholen. Die Liste ihrer Auszeichnungen ist lang; ich kann nur weniges erwähnen: Fellowships in Dumbarton Oaks, am Institute for Advanced Study in Princeton, am All Souls College in Oxford. Gastprofessuren führten sie unter anderem nach Jerusalem, Paris, Ioannina und Budapest. Sie ist wirkliches Mitglied der Österreichischen Akademie der Wissenschaften und korrespondierendes Mitglied der British Academy sowie der Göttinger Akademie der Wissenschaften. Zahlreiche Drittmittelprojekte hat sie in Wien eingeworben. Sie gehört zum Herausgeberkreis zahlreicher Zeitschriften in Deutschland, im UK, in Frankreich, in den USA und anderswo.

2015 erhielt sie den Wittgenstein-Preis, die höchste Wissenschaftsauszeichnung in Österreich, oft auch einfach österreichischer Nobelpreis genannt. Mit den Mitteln eines Projekts, das sie bis 2021 leitete, hat sie das Thema *Mobility, Microstructures and Personal Agency in Byzantium* erforscht. Dies hat die Dynamik der byzantinischen Gesellschaft unter vielen Aspekten herausgearbeitet, namentlich mit Blick auf Mikrostrukturen, indem der Transfer von Objekten durch Handel und Gabentausch untersucht wird. Aber auch die Mobilität von

---

17   https://radiokulturhaus.orf.at/artikel/699909/Was-die-Welt-zusammenhaelt (03.02.2024).

Laudatio auf die Preisträgerin Prof. Dr. Claudia Rapp

Texten, Ideen und Praktiken spielt eine wesentliche Rolle; nicht zuletzt beleuchtet die Forschergruppe soziale Mobilität, die durch Netzwerke erleichtert wurde. Vogel- und Froschperspektive verbinden sich auch hier.

Insgesamt geht es in dem Projekt um die Stellung von Byzanz in einem globalgeschichtlichen Kontext. Dieser Ansatz ist zukunftsweisend: Vorhin hatte ich angedeutet, dass die Perspektiven auf Byzanz außerhalb Westeuropas anders sind als in Westeuropa selbst. Dabei kann man in Südosteuropa nicht stehenbleiben. Wenn man sich die geographische Lage von Byzanz zwischen Lateineuropa auf der einen Seite, arabischen und persischen Reichen auf der anderen vergegenwärtigt, wenn man die Nähe von Byzanz zum Kaukasus und zum Balkan bedenkt, so zeigt sich, welches globalgeschichtliche Potential in der Byzantinischen Geschichte liegt, das jetzt nicht nur in Wien, aber maßgeblich dort für die Forschung fruchtbar gemacht wird.

Alle diese Verdienste beeindruckten das Preiskomitee und überzeugten es von dem Vorschlag, Claudia Rapp als Vertreterin einer Nachbarwissenschaft den Karl-Christ-Preis zuzuerkennen. Erst kürzlich, nachdem diese Feier schon anberaumt war, traf noch die Nachricht ein, dass Claudia Rapp und weitere Kolleg:innen im Rahmen einer neuen österreichweiten Initiative den Zuschlag für ein Exzellenzcluster zum Thema „EurAsian Transformations. Resources of the Past and Challenges of Diversity" erhalten haben.[18] Das Projekt, an dem 31 Antragsteller beteiligt sind, soll das sogenannte eurasische *Wunder* vertieft erforschen. Damit nimmt die Gruppe einen Begriff auf, der unterstreichen soll, dass es um verschiedene Bereiche des gewaltigen geographischen Raums Eurasien geht, nicht allein um Europa, sondern etwa auch um China.

Noch einige eher melancholische Worte zum Schluss. Vor kurzem war im Netz folgender Tweet eines Geschichtslehrers zu lesen: „Ich würde so gerne nochmal zurück und würde mir definitiv mehr Zeit lassen, vielleicht noch was völlig Unnützes studieren (Byzantinistik oder so) – Zeit zum Arbeiten bleibt dir genug!;-)." Nur auf drei Likes hat es dieser Tweet gebracht![19]

Der Tweet sagt viel darüber aus, wie der Gegenstand, dem die Wissenschaftlerin Claudia Rapp mit Leidenschaft nachgegangen ist, außerhalb des Elfenbeinturms gesehen wird. Er ist, auch wenn manche lächeln werden, eine will-

---

18 https://www.oeaw.ac.at/imafo/das-institut/detail/excellencecluster-eurasian-transformations (03.02.24).
19 https://twitter.com/lbrechthermanns/status/1436791019085905924 vom 11.9.2021 (03.02.2024).

Hartmut Leppin

kommene Erinnerung daran, wie privilegiert unsere Existenz ist. Darauf verweist auch der Aspekt des Unnützen, deren Inbegriff historische Wissenschaften in der breiteren Öffentlichkeit oft sind. Ich brauche hier nicht vorzutragen, warum der Begriff des Unnützen reduktionistisch ist, wie wichtig die Distanzierung von der Gegenwart durch den Blick auf die Vergangenheit ist – das wissen alle, die überhaupt einen Band wie diesen lesen. Aber es ist nicht leicht, Menschen außerhalb unserer Welt davon zu überzeugen, dass es für eine demokratische Gesellschaft sinnvoll, ja notwendig ist, auch Orchideenfächer zu finanzieren.

Es passt vielleicht nicht zu einer Festrede, aber wir sollten so ehrlich sein zuzugeben, dass es – trotz des intellektuellen Glanzes, den Claudia Rapp entfaltet – keineswegs ausgemacht ist, wie es um die Zukunft des Faches Byzantinistik bestellt ist. Bei allen politischen Erklärungen zugunsten der Kleinen Fächer zumindest in Deutschland sind sie doch aufgrund der unvermeidlich geringen Zahl von Studierenden, aber auch des Geruchs des Exotischen und der Liebhaberei gefährdet, obgleich man nicht lange nachzudenken braucht, um zu verstehen, wie wichtig sie für die europäische Tradition ist. Doch das muss uns nicht daran hindern, die zarten Pflanzen der Geisteswissenschaften zu pflegen, damit sie noch eine Weile gedeihen, und vielleicht auch noch für längere Zeit. Dazu müssen sie zunächst einmal zeigen, was sie leisten können. Dazu gehören harte, metikulöse Arbeit, intellektuelle Offenheit und die Lust an Erkenntnisgewinn, für die Claudia Rapp mit ihren nicht nur byzantinistischen Forschungen steht.

Laudatio auf die Preisträgerin Prof. Dr. Claudia Rapp

Hartmut Leppin, Claudia Rapp und Stefan Rebenich (von links) bei der Verleihung des Preises.

Karl-Christ-Preis für Alte Geschichte
2023

Professor Dr. Claudia Rapp

Elitekultur und christliche Religiosität
in Spätantike und Byzanz

Elitekultur und christliche Religiosität in Spätantike und Byzanz

Claudia Rapp

En archê ên ho logos." So beginnt das Johannesevangelium (Johannes 1, 1). „Am Anfang war das Wort. Und das Wort war bei Gott. Und Gott war das Wort." Der Evangelist meint damit das sinnhafte Ordnungsprinzip, den göttlichen wort-gewordenen Gedanken, der in Gottes Zusprache an die Menschheit durch die Inkarnation in Christus leibhaftige Realität wird. Doch im antiken und mittelalterlichen Sprachgebrauch kann *logos* weit mehr bedeuten als nur ein einzelnes ‚Wort', nämlich auch gebündelte Worte jeglicher Art, in gesprochener oder geschriebener Form, also etwa ‚Rede' oder ‚Traktat'. *Logoi* (im Plural) wurde dann in Byzanz der Begriff schlechthin für das, was wir gemeinhin als Bildung bezeichnen. Diejenigen, die imstande waren, Reden zu deklamieren oder schriftliche Texte zu verfassen, galten als ‚*logioi andres*', gebildete Männer. Denn Bildung zählte in Byzanz immer als Statussymbol und war damit wichtiges soziales Kapital. Und diese Bildung beruhte auf einer profunden Kenntnis des Schrifttums der klassischen Antike und einer souveränen Beherrschung von dessen Sprache und stilistischen Ausdrucksformen.

Zwischen (göttlichem) *logos* und (byzantinischen) *logoi* lag ein kurzer Weg. Gelehrsamkeit, selbst in dieser Prägung durch die antike Vergangenheit, und christliches Glaubensleben waren kein Kontrast, sondern komplementär oder zumindest koexistent. Dies ist das Thema der folgenden Ausführungen. Versuche von großflächigen Erhebungen werden dabei ergänzt durch Beispiele aus mittelalterlichen Handschriften. Zum Teil werde ich auch einiges aus der jüngsten Forschungswerkstatt anführen.[1]

---

[1] Mein aufrichtiger Dank gilt dem Preiskomitee für die Verleihung des Karl-Christ-Preises und für die schöne Feierlichkeit in Bern. Der Impetus für den Festvortrag und die vorliegenden Ausführungen entstammt dem Anliegen, meine derzeitigen Forschungen gemeinsam mit dem Team des Vienna Euchologia Projects (gefördert durch den Österreichischen Wissenschaftsfonds, FWF P34090) in einen größeren kulturhistorischen Rahmen zu stellen. – Für Hilfe bei der Drucklegung meines Beitrags danke ich Katharina Stadler in Frankfurt a.M.

Claudia Rapp

Ein Blick in die Forschungsgeschichte

Im vermeintlichen Gegensatz von Gelehrsamkeit und Glaubensleben spielt im Hintergrund ein weiteres Element mit, nämlich die verschiedenen Sprachregister in der griechischen Sprache. Die Byzantiner kannten neben der üblichen Gemeinsprache (*koinê dialektos*) auch die gelehrte Hochsprache, die man sich in Anlehnung an die stilistischen Vorbilder der Antike aneignen musste, um in der Welt und in der Kirche etwas zu werden. So war es in der Forschung bis in die jüngste Zeit ein Leichtes, schematische Kontraste wahrzunehmen: hier die Gelehrsamkeit der Eliten, das Verfassen von Texten in der Hochsprache und eine profunde Kenntnis der Schriften der paganen Antike, dort das niedrigere Bildungsniveau der breiten Masse, deren Texte in Unkenntnis der Hochsprache in einem allgemein zugänglichen Griechisch verfasst wurden und die sich hauptsächlich christlichen Inhalten der Alltagsreligiosität zuwandten.

Die Forscher vergangener Generationen – insbesondere die Byzantinisten des 19. und frühen 20. Jahrhunderts, deren Grundausbildung in klassischer Philologie bestand – haben sich selbst in ersterer Konstellation wieder erkannt, und dieser ihre Aufmerksamkeit zugewandt. Denn lange stand die Forschung im fortgesetzten Schatten der Renaissance mit ihrem Interesse an der Übermittlung klassischer Texte. Ganz im Sinne der Aufklärung hat die Forschung außerdem die Religion als Domäne der Ungebildeten ausgeklammert. Ein reduktionistisches Byzanzbild war die Folge, sodass die Forschung das christliche Kaiserreich des ‚Neuen Rom' im Osten hauptsächlich in seiner Rolle als Bewahrer und Vermittler der klassischen Literatur der Antike wahrzunehmen bereit war.[2] Erst in den letzten Jahrzehnten konnten Forscherinnen und Forscher hier eine erfrischende Unbefangenheit an den Tag legen, denn wir leben in einer postsäkularen Zeit, in der die Trennungslinie zwischen Religion und Säkularem irrelevant geworden und das Christentum weitgehend aus gesellschaftlichen Strukturen und Diskursen verschwunden ist. Gleichzeitig aufgeweicht wurde eine weitere scharfe Trennlinie, welche die Forschung lange Zeit bestimmt hat (und in populären Diskursen bis heute andauert), nämlich die Unterscheidung zwischen Christentum und paganer Religion, die miteinander als Gegner im

---

2   Ein jüngster Gegenentwurf ist J. *Preiser-Kapeller*, Byzanz. Das Neue Rom und die Welt des Mittelalters. München 2023.

Elitekultur und christliche Religiosität in Spätantike und Byzanz

‚Kampf' lagen, bis das Christentum den ‚Sieg' davontrug. Dass Männer und Frauen gleichzeitig mit der paganen Religiosität auch christliche religiöse Ausdrucksformen praktizierten, ohne dabei einen Widerspruch wahrzunehmen, ist erst in der Forschung der letzten Jahrzehnte explizit erarbeitet worden.[3]

Ein anschauliches Beispiel für die Offenheit der spätantiken Religiosität stammt aus Panopolis in Ägypten. In der Region um die Stadt, die auch unter dem ägyptischen Namen Akhmim bekannt ist, hat das Christentum seit dem 3. Jahrhundert deutliche Spuren hinterlassen. Dies belegen die großen Gräberfelder und zahlreiche, auch aus Schriftquellen bekannte Klöster, darunter das Weiße Kloster des koptischen Kirchenvaters Shenoute im unweit entfernt gelegenen Sohag. Ein spektakulärer Fund war der sog. Dionysosbehang, dessen Fragmente sich zu einem riesigen Wandbehang von 720 cm Breite und 220 cm Höhe zusammenfügen lassen. Dieses größte erhaltene Textil der Antike zählt zu den Schmuckstücken der Abegg-Stiftung in Riggisberg, unweit von Bern. In dem Leinengewebe sind auf dem Hintergrund einer architektonisch strukturieren Fassade weibliche und männliche Figuren um den Kult des Weingottes abgebildet, darunter Pan mit seiner Flöte und der jugendliche Dionysos selbst. Aus demselben Grab stammt ein gewebter Seidenstoff von wesentlich kleinerem Format, heute nur fragmentiert erhalten. Er zeigt Szenen aus dem Marienleben, darunter die Eheschließung Mariens mit Joseph und die Verkündigung durch den Engel. Diese Darstellungen sind in ihrer Ikonographie zum Teil einzigartig und spiegeln das christliche Gedankengut der Zeit um 400 wider. In dieser opulenten Bestattung waren also Dionysos und Maria gleichzeitig eingesetzt. Die verstorbene Person, ob Frau oder Mann, die mit diesen Textilien aufwändig bestattet wurde, war sicher äußerst wohlhabend. Bei der Zurschaustellung des sozialen Status bis ins Grab hinein waren ihr pagane wie christliche Bildsprache gleichermaßen präsent.[4]

---

3   Dazu *H. Leppin*, Christianisierungen im Römischen Reich: Überlegungen zu Begriff und Phasenbildung, in: Zeitschrift für Antikes Christentum 16, 2012, 247-278.
4   *S. McNally*, Syncretism in Panopolis? The Evidence of the ‚Mary Silk' in the Abegg Stiftung, in: J. van der Vliet/B. P. Muhs/A. Egberts (Hrsg.), Perspectives on Panopolis. An Egyptian Town from Alexander the Great to the Arab Conquest. Leiden und Boston 2002, 145-164. *D. Willers*, Bild und Deutung, in: D. Willers/B. Niekamp (Hrsg.), Der Dionysosbehang der Abegg-Stiftung. (Riggisberger Berichte 20) Riggisberg 2015, 7-107.

Claudia Rapp

Pagane Vorbilder in der Bildung

Die Kluft zwischen dem christlichen Glauben einerseits und der klassischen Bildung andererseits hat einst der lateinische Kirchenvater Tertullian zugespitzt formuliert mit seiner Frage: „Was also hat Athen mit Jerusalem zu schaffen, was die Akademie mit der Kirche, was die Häretiker mit den Christen?"[5] Denn um ein Christ zu sein, oder um die Psalmen oder das Neue Testament zu verstehen, benötigte es keine höhere Bildung, wie sie an Platons Akademie in Athen und einigen anderen Orten an eine kleine Bildungselite vermittelt wurde. Schließlich waren die Heiligen Schriften in der ‚Gemeinsprache', der *koinê dialektos*, verfasst, die dem gesprochenen Griechisch nahestand. Doch die sozial höhergestellten Christen der Spätantike strebten genauso wie ihre nicht-christlichen Nachbarn, Freunde und Mitschüler nach einer prestigeträchtigen Ausbildung in Grammatik und Rhetorik, und diese basierte nun einmal auf den Texten der Klassiker. Eine solche Kenntnis war unerlässlich als Vorbereitung für spätere Ämter und Funktionen, die ja häufig auch mit dem Deklamieren von Reden für die verschiedensten Anlässe einhergingen, wie dies z. B. der berühmte Redner Libanios von Antiochien im 4. Jahrhundert praktiziert hat.

Als mit Kaiser Konstantin dem Christentum kaiserliche Anerkennung zuteilwurde und die Christen im Laufe des 4. Jahrhunderts zunehmend das öffentliche Leben bestimmten, wurde die Frage des Umgangs mit der klassischen Antike zu einem kontroversen Thema. Kaiser Julian, polemisch als ‚der Abtrünnige' (Apostata) bezeichnet, war ein entfernter Verwandter des ersten christlichen Kaisers, aber seinerseits begeisterter Verfechter der alten Religion. Im Jahre 362 hat er mit seinem Rhetorenedikt und in einem sich darauf beziehenden Brief die Christen vor eine unmögliche Wahl gestellt:

> *„Die richtige Erziehung zeigt sich meiner Ansicht nach nicht in aufwandreichen rhetorischen Wohlklängen, sondern in gesundem Verhalten, das einer vernunftgemäßen Gesinnung entspringt, und in der Wahrheit der Auffassungen von Gut und Böse, von Schön und Häßlich. Wer daher in anderer Weise seine Schüler lehrt, als es seine Überzeugung*

---

5 Tertullian, Die Prozesseinreden gegen die Häretiker (De praescriptione haereticorum) 7, übers. H. Kellner, Tertullian, Apologetische, dogmatische und montanistische Schriften. (Bibliothek der Kirchenväter 24) Kempten und München 1915 (https://bkv.unifr.ch/de/works/cpl-5/versions/die-prozesseinreden-gegen-die-haretiker-bkv/divisions/8; 07.01.2024).

Elitekultur und christliche Religiosität in Spätantike und Byzanz

ist, der dünkt mich gleich weit von wahrer Erziehung wie von Rechtschaffenheit entfernt zu sein."

Und weiter:

„Ich lasse ihnen [den Lehrern] freie Wahl: entweder sollen sie aufhören zu lehren, was sie nicht ernstnehmen, oder aber, wenn sie ihren Unterricht fortzusetzen wünschen, dann sollen sie vor allem durch ihr tatkräftiges Beispiel lehren und ihre Schüler überzeugen, daß weder Homer noch Hesiod noch irgendeiner der Dichter, die sie erklären...[lacuna]."[6]

Christliche Lehrer sollten also, Julian zufolge, konsequenterweise nur diejenigen Autoren als Schultexte verwenden, mit denen sie auch inhaltlich übereinstimmen. Da nun aber die grundlegenden Werke der christlichen Religion, die Septuaginta und die Schriften des Neuen Testaments, in einem eher schlichten Stil verfasst sind, der von den Erwartungen der gehobenen Redekunst weit entfernt ist, wäre die Anwendung dieser Regel einem sozialen Suizid der christlichen *intelligentsia* gleichgekommen.

Der scharfsinnige Kaiser bringt hier aber noch eine weitere Komponente mit ins Spiel, nämlich den Anspruch, dass die Bildung, also das angelernte Wissen, immer auch Erziehung im Sinne von Charakterbildung für das <u>angewandte</u> Wissen mit einschließt (hier ist die deutsche Sprache nuancenreicher als die englische, die für beides nur den Begriff der ‚education' kennt). Kreative Geister unter den Christen wurden daraufhin erfinderisch, wie Apollinarios von Laodikeia und sein gleichnamiger Sohn. Letzterer, ein Rhetor, goss das Neue Testament in die Form der Dialoge Platons. Der Vater, ein *grammatikos*, schrieb die Bücher Moses' in Hexameter um, und brachte alle historischen Bücher des Alten Testaments in iambische Trimeter und andere Versmaße. „Er verwendete alle verschiedenen Versmaße, so dass keine Ausdrucksform der griechischen Sprache den Christen unzugänglich war." So beschreibt dies ein Jahrhundert später der Kirchenhistoriker Sokrates, fügt aber mit deutlicher Erleichterung hinzu, dass diese Bemühungen durch Julians plötzlichen Tod noch in demselben

---

6   Julian, Rhetorenedikt: Codex Theodosianus XIII 3,5, Codex Justinianus X 53,7. Zitat aus den Durchführungsbestimmungen: Julian, Brief 55 (Bidez 61c), übers. L. Goessler, Kaiser Julian der Abtrünnige. Die Briefe. Zürich und Stuttgart 1971, 81-82.

Claudia Rapp

Jahr wie das Rhetorenedikt wie durch göttliche Vorsehung zu einem schnellen Ende kamen.[7]

Zwölf Jahre später, 374, hat Basilius von Caesarea eine Formel entworfen, die es den Christen ermöglichte, diese Kluft zwischen dem Athen der Bildung und dem Jerusalem des Glaubens zu umgehen. In seinem kurzen Werk *Mahnwort an die Jugend über den nützlichen Gebrauch der heidnischen Literatur* trifft er eine grundsätzliche Unterscheidung zwischen der Form und dem Inhalt eines Textes. Nur wenn letzterer erbaulich ist, sollte man ihm Interesse schenken, ansonsten sich auf die stilistische Form konzentrieren. Schließlich – und darin stimmt er mit Julian überein – soll der Umgang mit den Vorbildern auch der Charakterbildung dienen.

> *„Wir wollen gern von ihnen lernen, soweit sie die Tugend lobten oder das Laster rügten. Denn wie die meisten Geschöpfe von den Blumen nur etwas haben, insoweit sie an deren Duft oder Farbe sich ergötzen, die Bienen aber auch Honig aus ihnen zu gewinnen wissen, so werden auch die, die nicht bloß nach dem Angenehmen und Ergötzlichen solcher Schriften haschen, daraus auch einigen Gewinn für ihre Seele erzielen. Ja, ganz nach dem Vorbilde der Bienen müsst ihr mit jenen Schriften umgehen. Diese fliegen ja nicht allen Blumen unterschiedslos zu, noch wollen sie die, die sie besuchen, ganz wegtragen, vielmehr nehmen sie nur soviel mit, als sie verarbeiten können, und lassen das Andere gern zurück. Wollen wir klug sein, dann eignen wir auch aus jenen Schriften nur das uns Passende und der Wahrheit Verwandte uns an, übergehen aber das andere. Und wie wir beim Pflücken der Rose die Dornen vermeiden, so werden wir auch bei einer nutzbringenden Benützung solcher Schriften vor dem Schädlichen auf der Hut sein."* [8]

Man darf also durchaus das Versmaß und das Vokabular Homers übernehmen, solange man sich nicht von den Inhalten seiner Epen und den zweifelhaften

---

7   Socrates Scholasticus, Kirchengeschichte III 16,4. Eigene Übersetzung.
8   Basilius von Caesarea, Mahnworte an die Jugend über den nützlichen Gebrauch der heidnischen Literatur (Ad adolescentes), Kap. 2-3, übers. A. Stegmann (Bibliothek der Kirchenväter 47) Kempten und München 1925 (https://bkv.unifr.ch/de/works/cpg-2867/versions/mahnwort-an-die-jugend-uber-den-nutzlichen-gebrauch-der-heidnischen-literatur-bkv/divisions/4; 07.01.2024). Die kleine Schrift hatte eine umfangreiche handschriftliche Überlieferung auf Griechisch, die bereits im Jahre 899 greifbar ist, sowie Übersetzungen ins Syrische (beginnend mit zwei Handschriften des 6. Jh.) und Arabische. Siehe *N.G. Wilson*, Saint Basil on the Value of Greek Literature. London 1975, 71-74.

Elitekultur und christliche Religiosität in Spätantike und Byzanz

Umgangsformen – von Mord bis Inzest – der Götter und Heroen von der christlichen Moral abbringen lässt. Basilius' Konzept der *chrêsis*, des richtigen Gebrauchs, erlaubte den gebildeten Byzantinern den Anspruch auf Kulturkontinuität in einer Zeit des Religionswandels. Dieses Prinzip der Selektivität, entsprechend der subjektiven Nützlichkeit, war letztendlich auch die Basis für die Kopistentätigkeit in den byzantinischen Gelehrtenstuben und Klöstern über die Jahrhunderte hinweg, welche die Überlieferung des Schrifttums der griechischen Antike ermöglichte. Diese Kontinuität betraf insbesondere die stilistischen Merkmale der Hochsprache der Gebildeten: Vokabular, Grammatik, Syntax und Prosodie der Alten mussten im Laufe einer langjährigen Erziehung angeeignet werden, denn die Umgangssprache hatte sich weiterentwickelt. Die Verwendung der Gelehrtensprache beweist die Zugehörigkeit zum Kreis der Literaten. Man spricht daher gerne von einer ‚Diglossie', also der gleichzeitigen Existenz von zwei Sprachniveaus.[9]

Hochsprachlichkeit und Antikenrezeption

Dieses Schema, diese Dichotomie hat, wie oben bereits angedeutet, lange die Forschungsgeschichte bestimmt. Doch bereits 1898 hat Karl Krumbacher, der Gründungsprofessor der Byzantinistik in München, in seiner wegweisenden *Geschichte der byzantinischen Litteratur* festgestellt:

> *„Nichts hat das tiefere Verständnis und die Wertschätzung der byzantinischen Zeit mehr beirrt als die Gewohnheit, in ihr alles nur als Fortsetzung und Ausfluss des Altertums zu betrachten. Byzanz war den meisten Forschern die ungeheure Leichenkammer des hellenistischen Hünengeschlechtes, der Betrachtung nur würdig wegen der hier aufbewahrten Reste und Kleinodien aus längst verschwundener Zeit."*[10]

---

9 G. Horrocks, Greek. A History of the Language and its Speakers. 2. Aufl. Chichester 2014, 207-230; C. Cupane, Die literarische Sprache von Byzanz, in: F. Daim (Hrsg.), Byzanz. Historisch-kulturwissenschaftliches Handbuch. (Der Neue Pauly, Supplemente Bd. 11) Stuttgart 2016, 925-930, mit weiterführender Literatur.

10 K. Krumbacher, Geschichte der byzantinischen Litteratur. (Handbuch der klassischen Altertumswissenschaft IX 1) 2. Aufl., bearbeitet von A. Ehrhard und H. Gelzer, München 1897, Nachdruck New York 1970, 21f.

Claudia Rapp

Die Nachwelt ist dieser Einschätzung nicht unmittelbar gefolgt. Mehr als acht Jahrzehnte später verfasste Herbert Hunger, der Gründungsprofessor der Byzantinistik in Wien, ausgebildet als Altphilologe, ein Nachfolgewerk in zwei Bänden (1978), das zwar viel von Krumbachers Arbeit übernahm, aber nicht dessen Gesamttenor. Hungers Titel, *Die hochsprachliche profane Literatur der Byzantiner*, verrät sein Forschungsprogramm: Hochsprache ist mit Religion nicht vereinbar, sie kann nur mit nichtreligiösen, eben profanen, Inhalten in Verbindung gebracht werden. Hans-Georg Beck, Ordinarius in München, hatte in derselben Reihe, dem *Handbuch der Altertumswissenschaft* des C. H. Beck Verlags, bereits 1959 den Überblick *Kirche und theologische Literatur im byzantinischen Reich* veröffentlicht, eine besondere *tour de force*, denn das eigentliche Interesse des großen Münchner Forschers galt dem 1971 in derselben Reihe erschienenen Band *Geschichte der byzantinischen Volksliteratur*.[11] Das Handbuch der Altertumswissenschaften, eine wichtige Reihe, die seit Generationen als erste Orientierung und als Kompass in diesen Forschungsfeldern dient, hat somit eine klare Dreiteilung getroffen: auf der einen Seite die Theologie, und ihr gegenübergestellt die Literatur, zweigeteilt in hochsprachliche und volkssprachliche. Die neueste Forschung geht inzwischen andere Wege, die diese drei Elemente integrieren, wie dies Carolina Cupane in ihrem Abriss der byzantinischen Literaturgeschichte gelungen ist und in den laufenden Arbeiten von Panagiotis Agapitos praktiziert wird.[12]

Hunger war es auch, der den Begriff der *mimêsis* geprägt hat, der für Jahrzehnte die Erforschung des byzantinischen Schrifttums bestimmen sollte. Die Byzantiner galten ihm als konsequente und daher kaum kreative Nachahmer der klassischen Antike. Gleich auf der ersten Seite seiner Geschichte der hochsprachlichen profanen Literatur heißt es:

---

11 H. *Hunger*, Die hochsprachliche profane Literatur der Byzantiner. 2 Bde. (Handbuch der Altertumswissenschaft XII 5,1) München 1978; H.-G. *Beck*, Kirche und theologische Literatur im byzantinischen Reich. (Handbuch der Altertumswissenschaft XII 2, 1) München 1959; H.-G. *Beck*, Geschichte der byzantinischen Volksliteratur. (Handbuch der Altertumswissenschaft XII 2, 3) München 1971.

12 C. *Cupane*, Literatur, in: F. Daim (Hrsg.), Byzanz. Historisch-kulturwissenschaftliches Handbuch. (Der Neue Pauly, Supplemente Bd. 11) Stuttgart 2016, 930-971. Dazu auch die derzeitigen Forschungen von P. *Agapitos*, z. B. Contesting Conceptual Boundaries. Byzantine Literature and Its Histories, in: Interfaces 1, 2015, 62-91.

Elitekultur und christliche Religiosität in Spätantike und Byzanz

> „Anders als in der volkssprachlichen Literatur galten für die hochsprachlichen byzantinischen Texte die Gesetze der Rhetorik, die auf den Forderungen des Attizismus und der Mimesis fußten. Diese Gesetze wurden von allen byzantinischen Autoren, die auf sich hielten [...] mehr oder weniger peinlich befolgt. Ein literarischer Brief oder ein Enkomion der Paläologenzeit und entsprechende Texte der Komnenenzeit oder aus spätantiken Jahrhunderten werden sich in vielen Fällen kaum unterscheiden lassen. Wirkliche Literaturgeschichte, Entwicklung literarischer Formen und Genera, bleibt in Byzanz auf Spurenelemente beschränkt."[13]

Vergangenheitsverliebtheit und Statik prägen somit – in Hungers trockener Diagnose – das gesamte byzantinische Millennium.

Doch genau diese Statik ist trügerisch, basiert sie doch auf einer selektiven Wahrnehmung des in Byzanz geschaffenen Schrifttums, das sich lediglich auf die hochsprachlichen, antikisierenden Texte beschränkt. In seiner Antrittsvorlesung als Bywater und Sotheby Professor in Oxford hat Cyril Mango 1978 eindrücklich davor gewarnt, dass das byzantinische Schrifttum auf diese Weise leicht als ‚Zerrspiegel' (distorting mirror) erscheinen könne.[14] Das Festhalten der Byzantiner an der Gelehrtensprache verstellt uns, so Mango, den Blick für die Buntheit und Kreativität, die sich eben genau auf anderen Gebieten artikuliert, nämlich in der Religion, und hier nicht in der Theologie, sondern im alltäglichen Glaubensleben. Für Mango besonders faszinierend waren daher die sogenannte ‚Magie', die Astronomie, und die Hagiographie. Aber auch Mango ging, ähnlich wie Hunger, von einer grundlegenden Dichotomie zwischen Bildungsstand und Religiosität aus: hier die hochgebildeten Männer, die am Idiom der Antike festhalten, und dort die (durchaus kreative) Religion der ungebildeten Massen. Aber ist diese Unterscheidung zutreffend? Die Beispiele, die im Folgenden angeführt werden, werden diese vermeintliche Dichotomie, wenn nicht widerlegen, so zumindest gründlich infrage stellen.

---

13 H. Hunger, Die hochsprachliche profane Literatur. Bd. 1. Interessanterweise sind es die Generationen von Hungers Schülern und Enkelschülern, die seither diese Klassifizierungen infrage stellen: Wolfram Hörandner, Stratis Papaioannou, Andreas Rhoby, Krystina Kubina, und Nikolaos Zagklas, um nur einige zu nennen.

14 C. Mango, Byzantine Literature as a Distorting Mirror. An Inaugural Lecture Delivered Before the University of Oxford on 21 May 1974. Oxford 1975.

Claudia Rapp

Bildungsbetrieb und Christentum in Byzanz

Schon ein grober historischer Überblick verdeutlicht, in welchem Umfang das Christentum in allen Gesellschaftsschichten, und damit natürlich auch im Bildungsbetrieb, prägend wurde.[15] Mit dem Ende der Spätantike hatte sich das Christentum in allen Bereichen etabliert. Die letzten Nachrichten über Erwachsenentaufen stammen aus dem 7. Jahrhundert, ebenso wie über die öffentliche Durchführung paganer Feste. Kirchliche Rituale, z. B. der Eheschließung, wurden eingeführt und bekamen nun Rechtsgültigkeit. Nach dem tiefen demographischen, politischen und kulturellen Einschnitt der arabischen Eroberung seit ca. 650 und dem Verlust von einem Drittel des Staatsgebiets, einschließlich der Kornkammer Ägypten, hat sich innerhalb der folgenden 150 Jahre eine breite Elite herausgebildet, die aus Großgrundbesitzern, kaiserlichen Beamten und kirchlichen Würdenträgern bestand – und solchen, die es werden wollen. Dutzende von Bischöfen und Hunderte von Klerikern waren fest etabliert; viele dieser Anstellungen waren hochbegehrt, besonders an attraktiven Standorten wie Thessaloniki, der zweitgrößten Stadt des Reiches. Nach der Beilegung des Ikonoklasmus (843) konnten Klöster wieder in herausragenden Rollen in Erscheinung treten. Die meisten der erhaltenen griechischen Handschriften stammen aus der Zeit nach 800 und sind, als Resultat des *metacharaktêrismos*, nicht mehr in Majuskeln, sondern in Minuskelschrift geschrieben.

Im frühen 9. Jahrhundert wurde der Lehrbetrieb in Konstantinopel revitalisiert; im 11. Jahrhundert errichtete Kaiser Konstantin IX. Monomachos eine höhere Bildungsanstalt am Mangana-Kloster, dem auch ein höchst professionell geführtes Krankenhaus mit Bibliothek angehörte. Konstantins Lehrer war der Universalgelehrte Michael Psellos, von dem weiter unten noch die Rede sein wird. Unter Alexios I. Komnenos wurde die Patriarchatsschule reformiert, aus der viele gebildete Kirchenmänner hervorgingen.[16] Parallel zu diesen kaiserlich geförderten höheren Lehranstalten gab es immer auch private Lehrer, die gegen Bezahlung Unterricht auf allen Niveaus anboten, und dies nicht nur in Konstantinopel.

---

15 A. Rhoby, Bildung und Ausbildung. Wissensvermittlung in Byzanz, in: F. Daim (Hrsg.), Byzanz. Historisch-kulturwissenschaftliches Handbuch. (Der Neue Pauly, Supplemente Bd. 11) Stuttgart 2016, 995-1016, mit weiterführender Bibliographie.
16 I. Nesseris, Higher Education in Constantinople in the 12th Century. Ph.D. Dissertation Universität Ioannina 2014 (auf Griechisch).

Elitekultur und christliche Religiosität in Spätantike und Byzanz

Diese Phase nahm mit der Eroberung Konstantinopels 1204 durch die Kreuzfahrer ein jähes Ende. Mit der Rückeroberung der Hauptstadt durch Michael VI. Palaiologos 1261 beginnt die spätbyzantinische Zeit, die von der Dynastie der Palaiologen und wenigen Adelsfamilien bestimmt wurde. Einzelne hochgebildete Männer unterhielten eigene Schulen, wie Thomas Magistros in Thessaloniki, oder wurden in kaiserlichem Dienst an die Höfe fremder Herrscher oder zu Verhandlungen über eine mögliche Kirchenunion entsandt, wie Theodoros Metochites oder Bessarion, beide auch große Büchersammler. Letzterer wird uns weiter unten noch beschäftigen. Künftige Kleriker wurden in der Schule des Patriarchats ausgebildet.

Höhere Bildung war also seit dem Ende der Spätantike an Institutionen verschiedener Art zugänglich, von Privatlehrern bis hin zu kaiserlich geförderten Einrichtungen. Das Patriarchat und die Klöster stellten eine zusätzliche Komponente dar, ohne aber je den Bildungsbetrieb zu monopolisieren.

Das Bildungsgefälle in Byzanz war immer groß. Die Grundkenntnisse im Lesen und Schreiben (functional literacy) beherrschten, so die Schätzungen, ca. 15% der Bevölkerung, jedenfalls mehr als im westlichen Lateineuropa.[17] Doch die Zahl der Hochgebildeten war relativ klein. Nach einer Schätzung von Paul Lemerle wurden im 10. Jahrhundert, einer Zeit der kulturellen Blüte, ca. 200–300 Studierende, größtenteils in Konstantinopel, auf dem höchsten Bildungsniveau ausgebildet.[18] Dies ist die Elite, die dann später als Autoren oder Empfänger, Auftraggeber und Leser von Texten in Erscheinung treten.

---

17 Zur allgemeinen Verbreitung der Buchkultur in Byzanz, siehe J. Waring, Literacies of Lists. Reading Byzantine Monastic Inventories, in: C. Holmes/J. Waring (Hrsg.), Literacy, Education and Manuscript Transmission in Byzantium and Beyond. Leiden u.a. 2002, 165-185; und dies., Byzantine Book Culture, in: L. James (Hrsg.), A Companion to Byzantium. Chicester 2010, 275-288.

18 P. Lemerle, Le premier humanisme byzantin. Notes et remarques sur enseignement et culture à Byzance des origines au Xe siècle. Paris 1971, 257 (englische Übersetzung von H. Lindsay/ A. Moffatt, Byzantine Humanism. The First Phase. Notes and Remarks on Education and Culture in Byzantium from its Origins to the 10th Century. Canberra 1986, 298.): „pour tout l'Empire deux cents à trois cents enfants passaient par les collèges des maistores.". Diese Angaben zu den Studierendenzahlen sollten nicht zu der Annahme verleiten (wie dies in der Fachliteratur häufig geschehen ist, auch irrtümlicherweise von der Autorin dieser Zeilen), dass es insgesamt zu einem gegebenen Zeitpunkt nur maximal 300 Hochgebildete gegeben haben kann. Denn es wurden ja ständig neue Studenten ausgebildet, so dass die Zahl der Ausgebildeten mehrerer Abschlussjahrgänge, die dann für mehrere Lebensjahrzehnte im Kirchen- oder Staatsdienst tätig waren, sicherlich mehrere tausend Männer umfasst hat.

Claudia Rapp

Wie hat nun diese Bildungselite die Mahnworte des Kirchenvaters Basilius umgesetzt? Haben sie tatsächlich, wie von Hunger suggeriert, christliche Themen ausgeklammert und sich nur am Bildungsideal der Antike orientiert? Um dies zu beantworten, möchte ich im Folgenden vier Indizienbeweise unterschiedlicher Länge antreten, um der Religiosität byzantinischer gelehrter Autoren nachzuspüren: Autorenprofile, Buchbesitz, Lehrbetrieb und Gebetstexte. Zusätzliche Untermauerung erfolgt durch zwei Fallbeispiele aus der Handschriftenforschung.

Autorenprofile

Zunächst können einige Autorenprofile verdeutlichen, wie die Gelehrten mit den Ansprüchen des klassischen Bildungsideals einerseits und der gelebten Religiosität andererseits umgegangen sind.

Photios (ca. 810-ca. 893), der hochgebildete Patriarch von Konstantinopel, der auch die Mission zu den Slaven initiierte, ist unter Philolog:innen hauptsächlich bekannt für sein *Lexikon*, welches seltene Worte der Klassik für den Schulunterricht erklärt, und für seine *Bibliotheke*. Letztere enthält Lesenotizen von 280 Büchern, adressiert an seinen Bruder Tarasios, der mit ihm gemeinsam an einer Gesandtschaft zu den Arabern teilgenommen hatte. Das Werk wurde offensichtlich in Eile heruntergeschrieben und genoss keine Endredaktion. Die Notizen, tituliert als ‚Codices', sind in beliebiger Reihenfolge angeordnet, und es gibt auch einige Dubletten. Es wäre verfehlt, aufgrund der angeführten Bücher die Privatbibliothek des künftigen Patriarchen rekonstruieren zu wollen, denn Photios selbst betont mehrfach, dass er seine Aufzeichnungen aus dem Gedächtnis verfasst.

In dem umfangreichen schriftlichen Gesamtwerk des Patriarchen, das auch theologische Traktate, Predigten und Briefe umfasst, gilt weniger als die Hälfte der Texte (43%) der Theologie. In seiner *Bibliothêkê* hingegen behandelt er 239 theologische Werke, im Vergleich zu 147 säkularen. Doch letzteren widmet er sich mit größerer Ausführlichkeit, die wohl auch seine Vorlieben zum Ausdruck bringt.[19] Dabei werden die wichtigsten Autoren häufig gar nicht erwähnt. So

---

19 N.G. *Wilson*, Photius, The Bibliotheca. A Selection Translated with Notes. London 1994, 8.

Elitekultur und christliche Religiosität in Spätantike und Byzanz

fehlen Platon, Aristoteles, und Gregor von Nazianz, das große christliche Vorbild eines gehobenen literarischen Stils. Photios' Aufstellung ist also nicht als Enzyklopädie oder Lernhilfe intendiert, sondern als ergänzende Gedächtnisstütze. Über Basilius von Caesarea hat er nur Positives zu sagen, allerdings bezieht er sich nicht direkt auf dessen oben zitierte *Mahnrede an die Jugend*. Photios preist den Kirchenvater als stilistisches Vorbild folgendermaßen:

> *„Seine Überzeugungskraft ist so groß, dass – würde man seine Reden als Vorbild für öffentliche Reden nehmen, sie eingehend studieren und Erfahrung gewinnen in den Regeln, die zum Erfolg in diesem Genre beitragen – man, so denke ich, kein anderes Modell bräuchte, weder Platon noch Demosthenes, den die Alten uns ermutigen ausführlich zu studieren, um ein Redner im politischen Leben oder bei anderen öffentlichen Anlässen zu werden."*[20]

Bei aller Vorliebe für die antiken Autoren ist Photios also durchaus imstande, die literarischen Meriten der Kirchenväter zu würdigen. Seine *Bibliothêkê* zeigt jedenfalls, dass für ihn die Kenntnis der klassischen Autoren eine Hinwendung zu den christlichen Autoren nicht ausschließt.

Manche von Photios' klerikalen Bildungsgenossen fühlten sich allerdings ausschließlich zu profanen Texten der Antike hingezogen. So gesteht Leo, der Metropolit von Synada, in seinem Testament, das er 1003 im Alter von 66 verfasst, dass er keinen einzigen seiner Tage verlebt hat, ohne sich zu versündigen. Seine Missetaten – er beziffert sie auf 48.000! – seien geistiger und körperlicher Natur:

> *„Ich habe entweder etwas Übles gesehen, oder etwas Ungehöriges gehört. Ich habe entweder zu viel gegessen, oder zuviel getrunken, oder beides. ... Ich war nachlässig im Rezitieren der Psalmen oder habe überhaupt nicht gebetet, sondern den ganzen Tag mit Nichtigkeiten vertrödelt; oder mich nicht mit dem Wort Gottes beschäftigt; oder mich über Gebühr mit der profanen Literatur abgegeben."*[21]

---

20 Photios, Bibliotheke, 98b Budé, Eigene Übersetzung.
21 Leo von Synada, Brief 31. 12-20, hrsg. M. Vinson, The Correspondence of Leo, Metropolitan of Synada and Syncellus. (CFHB 23) Washington, DC 1985, 48-50. Eigene Übersetzung. Zur Person: R. Lilie/C. Ludwig/B. Zielke/T. Pratsch, Leon: Λέων, in: Prosopographie der mittelbyzantinischen Zeit Online. Berlin/Boston 2013. Vgl. https://www.degruyter.com/database/PMBZ/entry/PMBZ26570/html (07.01.2024).

Claudia Rapp

Ob der unasketische Leo unter den Bischöfen ein Einzelfall war, darüber lässt sich nur spekulieren. Sein Schuldbekenntnis zur Vernachlässigung des Gebets aber veranlasst uns zur weiteren Spurensuche zur Verwendung von Gebetstexten in den höheren Bildungskreisen in zwei Fallbeispielen aus der Handschriftenforschung.

Claudia Rapp (Vortrag der Preisträgerin)

1. Fallbeispiel: Eine Handschrift aus dem Umkreis des Michael Psellos

Wie Leo werden viele gelehrte Bischöfe der profanen Literatur zugetan gewesen sein. Gleichzeitig war den Gelehrten aber auch das praktizierte Christentum nicht fremd. Dies lässt sich am Beispiel des großen Universalgelehrten des 11. Jahrhunderts Michael Psellos (1018–1078 [?]) zeigen. Sein bekanntestes Werk ist die *Chronographia*, ein historischer Abriss der Regierungszeiten von 14 Kaisern und Kaiserinnen. Da der Autor zeitweilig zum Umkreis des Kaiserhofes gehörte, enthält sein Bericht viele spannende Details und lebendig geschilderte Charak-

Elitekultur und christliche Religiosität in Spätantike und Byzanz

terbilder. Interessant ist nun, dass ein Intellektueller wie er, mit hohen Selbstansprüchen, keinerlei Scheu hatte, sich auch religiösen Themen zu widmen, etwa durch die Abfassung von exegetischen, homiletischen, hagiographischen und hymnographischen Texten und theologisch-philosophischen Abhandlungen.[22]

Dies wird untermauert durch Anna Komnenas Bericht über seine erstaunliche Gelehrsamkeit schon seit früher Jugend. Diese, so schreibt die Kaisertochter und Historikerin, sei vor allem seiner natürlichen Begabung und der Schärfe seines Intellekts zu verdanken, „unterstützt freilich außerdem durch Gott aufgrund des inständigen Flehens seiner Mutter, die oft vor der verehrungswürdigen Ikone der Gottesgebärerin in der Kyru-Kirche die Nacht durchwachte und sie mit heißen Tränen um Hilfe für ihren Sohn bat."[23] Die mütterlichen Gebete wurden erhört, der Sohn machte in der kaiserlichen Verwaltung Karriere, wurde Berater des Kaisers Konstantin IX. Monomachos, und von diesem als Lehrer an der neugegründeten kaiserlichen Universität in der Magnaura angestellt und mit dem Ehrentitel *hypatos tôn philosophôn* ausgezeichnet.

Interessant ist in diesem Zusammenhang ein Kodex von 572 Seiten, der sich heute in Florenz befindet (Bibl. Med. Laur, Plut. Gr. 57.40, Diktyon 16409). In den vier Jahrzehnten nach Psellos' Tod erstellt, handelt es sich um die früheste Handschrift mit dessen Texten und einen der drei wichtigsten Textzeugen für sein Oeuvre.[24] Diese Zusammenstellung seiner Schriften für die spätere Verbreitung muss im engsten Umfeld des Meisters entstanden sein. Sie ist in einer einzigen, geübten Hand geschrieben, was darauf schließen lässt, dass diese Sammlung vom Kopisten selbst erstellt wurde, der auch in Randnotizen als Kommentator in Erscheinung tritt. Möglicherweise war er ein Schüler des Psellos. In jedem Fall ist der Kodex das bewusste Resultat eigenständiger Arbeit eines gebildeten Kenners.

Der Anfang ist nicht erhalten; der Kodex setzt ein mit dem Ende einer theologischen Abhandlung zu einer Rede des Gregor von Nazianz. Darauf folgen 228 Briefe des Psellos. Den zweiten Teil bilden Reden, Abhandlungen und Vor-

---

22 H.-G. *Beck*, Kirche und theologische Literatur, 538-542. Die Abhandlung über die Dämonologie, die ihm lange Zeit zugeschrieben wurde, gilt allerdings in der jüngsten Forschung als anonymes Werk. P. *Gautier*, Le *De daemonibus* du Pseudo-Psellos, in: Revue des études byzantines 38, 1980, 105-194. Zum Autor: S. *Papaioannou*, Michael Psellos. Rhetoric and Authorship in Byzantium. Cambridge 2013.
23 Anna Komnena, Alexias 5.8.3, übers. D. R. Reinsch. Berlin und Boston 2001, 2. Aufl. 2018, 186f.
24 Datierung der Handschrift und Analyse nach *Papaioannou*, Michael Psellos, 253-254.

Claudia Rapp

träge theologischen Inhalts aus Psellos' Feder, der ja seine öffentliche Laufbahn durch zwei kürzere Lebensabschnitte im Kloster unterbrechen musste. Am Ende der Handschrift hat der Kopist noch Exzerpte einer anonymen Chronik angefügt, und dann gleich im Anschluss, auf derselben Seite, einige Beschwörungsformeln und Gebete. Das letzte dieser Gebete ist „Für eine Frau mit Schmerzen bei Geburtskomplikationen."[25] Nach der Anrufung der Dreifaltigkeit folgt die Formel: „Sabaoth, Christus, hilf. Allheilige Gottesmutter, die das Licht zur Welt gebracht hat, ohne zu wissen, wie, hilf dieser deiner Dienerin NN, usw." Diese Worte soll man aufschreiben, und unter den rechten Oberschenkel der Gebärenden legen. Ähnliche Gebete, einschließlich der Anweisung für die Herstellung von Amuletten, finden sich auch in den liturgischen Büchern für den Gebrauch von Priestern, den Euchologien.[26] Frappant ist im florentinischen Psellos-Codex, dass dieser offensichtlich für nützlich gehaltene Text bewusst in eine Gelehrtenhandschrift mit aufgenommen wurde. Hohe Kindbettsterblichkeit machte ja auch vor Frauen der gebildeten Oberschicht keinen Halt.[27] Möglicherweise ist dies auch ein Hinweis auf die Nutzergruppe, für den dieser Kodex bestimmt war. Diese Handschrift aus dem Umkreis des Psellos war kein Einzelfall. Analoges wird sich von Bessarion, einem hochgebildeten Kleriker der Spätzeit, im zweiten Fallbeispiel weiter unten zeigen lassen.

Dem gebildeten Patriarchen Photios, der in seiner *Bibliothêkê* christlichen Autoren mehr Aufmerksamkeit schenkt als klassischen Texten, und dem Bischof Leo, der mit schlechtem Gewissen lieber antike Autoren liest als Zeit im Gebet zu verbringen, können wir somit eine Gelehrtenhandschrift aus dem Umkreis

---

25 Bibl. Med. Laur, Plut. Gr. 57.40, fol. 286v, Abbildung: http://mss.bmlonline.it/s.aspx?Id=AWOIy-UNVI1A4r7GxMPLH&c=LXII.%20De%20Rhodiis,%20quare%20dicti%20deinde%20Colossenses;%20de%20Iulio%20Caesare;%20de%20magno%20terraemotu,%20qui%20sub%20imperio%20valentiniani%20iunioris%20Alexandriae%20factus%20est;%20de%20alio%20sub%20Iustino%20Thrace%20ac%20de%20tertio%20sub%20Iusti#/oro/580 (03.01.2024).
26 Siehe dazu die Arbeiten von Eirini Afentoulidou im Rahmen des Vienna Euchologia Projects, z.B: E. *Afentoulidou*, Zwischen Liturgie und Magie. Die byzantinischen Gebete zum Wochenbett und C. *Rapp*/E. *Schiffer*/E. *Afentoulidou*, Das Wiener Euchologien-Projekt. Anlassgebete als Quelle zur Sozial- und Alltagsgeschichte. Drei Fallbeispiele, in: M. Breitenstein/Chr. Schmidt (Hrsg.), Medialität und Praxis des Gebets vor der Moderne. (Das Mittelalter. Perspektiven mediävistischer Forschung 24/2) Berlin 2019, 337-369, 360-369. DOI: 10.1515/mial-2019-0038
27 Zu dieser Handschrift siehe auch S. *Papaioannou*, Byzantine historia, in: K. Raaflaub (Hrsg.), Thinking, Recording, and Writing History in the Ancient World. Chichester 2014, 297-313, hier 305-306.

des Michael Psellos zugesellen, die mit großer Selbstverständlichkeit christliche und quasi ‚magische' Gebetspraktiken wiedergibt, die nicht dem offiziellen Gebrauch der Kirche entsprechen. Hier begegnet uns im Kontext der Gelehrtenkultur eine christliche Religiosität, die direkt aus dem Leben gegriffen ist und sich mit Alltagsangelegenheiten beschäftigt, und nicht mit theologischen Streitfragen oder Problemen der Exegese.

Ein statistischer Versuch

Dies sind zwar Einzelbeispiele, aber sie deuten auf generelle Trends, die es nun durch Beobachtungen in größerem Stil zu untermauern gilt.[28] Es ist zu fragen, in welchem Umfang sich Autoren, die zeitlebens im weltlichen Stand verblieben sind, in ihrem Schrifttum mit religiösen Themen beschäftigt haben. Ihr Alltag war – wie der von allen Christen nicht nur im byzantinischen Herrschaftsgebiet – in den Lebens- und Jahresrhythmen der Kirche verankert: Taufe, Eheschließung, Begräbnis, Heiligenfeste und Feste des liturgischen Kirchenjahres, wie Weihnachten und Ostern.

Über das ganze byzantinische Jahrtausend lassen sich insgesamt ungefähr 1600 griechisch-schreibende Autoren identifizieren, darunter zehn Frauen. Mit durchschnittlich 16 Autor:innen pro Jahrhundert ist das nicht viel.[29] Stratis Papaoiannou hat den Versuch unternommen, für sie ein soziales Profil zu erstellen. Das Ergebnis ist wenig überraschend. Die meisten Autoren waren im ferneren oder näheren Umfeld der herrschenden Elite angesiedelt, deren zentraler Anziehungspunkt der Kaiser in Konstantinopel war. Einige gehörten dieser Gruppe bereits durch Familienzugehörigkeit oder durch ihre Ämter an, andere strebten dorthin. Manche hofften, durch den Einsatz ihrer literarischen Fähigkeiten, durch die Abfassung von Reden oder Gedichten für den Kaiserhof,

---

28 Zur Erfassung großflächiger Trends in der mittelalterlichen Handschriftenüberlieferung, siehe auch die Beiträge in M. *Maniaci* (Hrsg.), Trends in Statistical Codicology. Berlin/Boston 2022.
29 S. *Papaioannou*, Authors (with an Excursus on Symeon Metaphrastes), in: ders. (Hrsg.), The Oxford Handbook of Byzantine Literature. Oxford 2021, 484ff. Siehe auch die generellen Beobachtungen von K. *Snipes*, The Chronographia of Michael Psellos and the Textual Tradition and Transmission of the Byzantine Historians of the Eleventh and Twelfth Centuries, in: Zbornik radova vizantoloskog instituta (Belgrad) 27-28, 1989, 43-61.

Claudia Rapp

dieses Ziel zu erreichen. Die größte Gruppe, ungefähr ein Drittel, sind Männer im Bischofsrang. Ihre Zugehörigkeit zur Elite spiegelte sich auch in anderen Bereichen wider: Sie waren meist gut gebildet und wohlhabend, so dass sie ihre literarischen Interessen und Fähigkeiten mit denen ihrer Zeitgenossen im außerkirchlichen Bereich teilten. Nicht alle Bischöfe verfassten exegetische Kommentare oder liturgische Hymnen. Aber viele schrieben Briefe, historische Berichte oder nützliche Texte für den Alltagsgebrauch. Umgekehrt haben einige Personen im Laienstand auch theologische oder erbauliche Schriften verfasst. So schrieb Kaiser Justinian Hymnen und Kaiser Leo VI. Homilien.

Ich habe nun den Versuch unternommen, diese Entwicklungen statistisch zu erfassen.[30] Auch wenn die Details im Einzelnen nicht immer eindeutig sind, können auf diese Weise Grundtendenzen in groben Umrissen sichtbar werden. Mein Ziel war es, aufzuzeigen, wie sich die christliche zur säkularen Komponente verhält bzw. ob sich der Lebensweg der Autoren in deren Themenwahl widerspiegelt oder eben auch nicht. Haben Männer im Mönchs- oder Klerikerstand nur religiöse Texte verfasst? Haben hochgebildete Menschen der Elite sich nur mit profanen Themen beschäftigt? Oder haben sie auch christliche Themen aufgegriffen? Dies wäre dann ein weiterer Hinweis auf die Durchdringung der Gelehrtenkultur mit christlichen Inhalten.

Als Ausgangsbasis dienten die im Oxford Dictionary of Byzantium genannten Autoren und Autorinnen. Zu Vergleichszwecken wurden zwei Phasen von jeweils zwei Jahrhunderten ausgewählt, zum einen das 9. und 10. Jahrhundert, also die Zeit der sogenannten Mazedonischen Renaissance repräsentiert durch 68 Autor:innen, und zum anderen das 13. und 14. Jahrhundert, also die Renaissance unter den Herrschern der Palaiologen-Dynastie andererseits, repräsentiert durch 116 Autor:innen.[31]

---

30 Für die Datenerhebung und Visualisierung danke ich Cosimo Paravano.
31 K.-P. Matschke/F. Tinnefeld, Die Gesellschaft im späten Byzanz. Gruppen, Strukturen und Lebensformen. Köln/Wien 2001, 232-240. Für die Spätzeit vom 13. bis 15. Jahrhundert hat Klaus-Peter Matschke eine detaillierte Aufstellung erstellt. Er geht davon aus, dass die Literaten nicht mehr als 10-15% der Gesamtbevölkerung ausgemacht haben. Sie waren gut vernetzt, wie sich anhand der vielen überlieferten Briefcorpora rekonstruieren lässt. Aufgrund einer Liste von 174 Personen, die dieser Gruppe angehören, erstellt er folgendes Profil: fast 55% gehören dem geistlichen Stand an. Weniger als die Hälfte von ihnen können als Verfasser eines umfangreichen oder bedeutenden Werkes gezählt werden, und auch hier überwiegt der geistliche Stand. Diejenigen, die ein weltliches Leben führten, gehörten dem Kaiserhof oder dessen Umkreis an, bzw. strebten dorthin. Viele von ihnen waren ‚Berufsliteraten', die ihre Kunst zum Gelderwerb ausübten.

Elitekultur und christliche Religiosität in Spätantike und Byzanz

Im biographischen Profil sind insgesamt die Kirchenmänner – definiert als Personen, die zu irgendeinem Zeitpunkt in ihrem Leben dem Klerus oder dem Mönchsstand angehörten – in der Mehrheit. Das liegt nicht zuletzt daran, dass viele Männer nach einer Karriere in der kaiserlichen Verwaltung oder im Militär ihren Lebensabend in einem Kloster verbrachten, wo ihnen später auch ein gebührendes Totengedächtnis gewiss sein konnte. Zusätzlich war das Bischofsamt, wie bereits erwähnt, eine soziale Auszeichnung mit finanziellen Vorteilen, und weniger eine geistliche Berufung.[32] Die absoluten Zahlen mögen daher unscharf sein, aber unter diesen über die Jahrhunderte gleichbleibenden Voraussetzungen ist es dennoch interessant, die beiden Zeitepochen zu vergleichen.

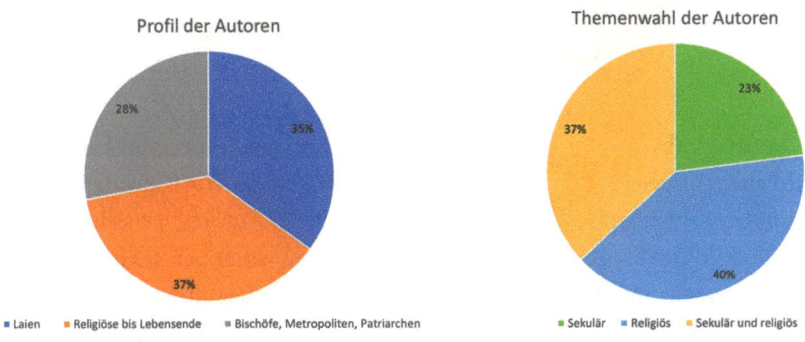

In der mittelbyzantinischen Zeit war die Bildungselite zum größten Teil im kirchlichen Bereich angesiedelt, nur 35% der Autoren sind zeitlebens im Laienstand verblieben. Wie hat sich der Sitz im Leben der Autoren auf die Themenwahl ihrer Texte niedergeschlagen? Nur 23% aller Texte widmeten sich ausschließlich säkularen Themen, 37% galten sowohl religiösen als auch säkularen

---

32 Die Unschärfe kann verschiedene Ursache haben: Es fehlt die Korrelation zwischen Abfassungszeit eines Werkes und dem Lebensweg der Autoren, so dass nicht ersichtlich ist, ob ein religiöser Text im Laienstand oder im Kloster verfasst wurde. Ebenso problematisch ist die Charakterisierung mancher Texte als ‚säkular' in einer vom christlichen Gedankengut geprägten Lebenswelt. Mit welcher Berechtigung klassifizieren wir eine Weltchronik als ‚säkular', wenn diese doch das Wirken Gottes seit der Erschaffung der Welt und bis in die berichtete Gegenwart hinein aufzeigen soll?

Claudia Rapp

Themen, und 40%, also die Mehrheit der Texte, befasste sich mit religiösen Inhalten. Es besteht also eine grobe Korrelation zwischen Lebensweg und Themenwahl, die in der mittelbyzantinischen Zeit durch den Vorrang der Geistlichkeit unter den Autoren geprägt war.

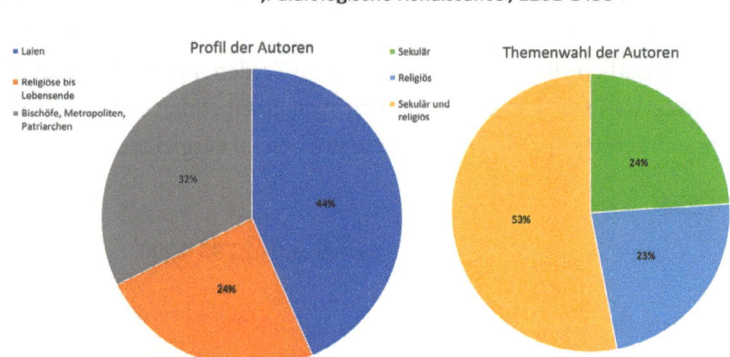

In der spätbyzantinischen Zeit sind deutlich mehr Autoren im Laienstand verblieben, insgesamt 44%. Das bedeutet einen Zuwachs von fast einem Drittel gegenüber der früheren Periode. Die Themenwahl der Autoren hat sich ebenfalls verschoben. Der Prozentsatz der von allen Autoren verfassten säkularen Texte bleibt einerseits mit 24% fast konstant im Vergleich zur mittelbyzantinischen Zeit. Aber die Zahl der Autoren, die sich ausschließlich religiösen Texten widmen, ist auf 23% gesunken, gegenüber 40% in der früheren Periode. Ein deutlicher Anstieg wird sichtbar in der Zahl der Autoren, die sich sowohl mit säkularen als auch religiösen Themen beschäftigen: 53% im Vergleich zu vormals 37%. Es lässt sich ein Zuwachs von ungefähr einem Drittel gegenüber der mittelbyzantinischen Zeit konstatieren bei der Anzahl der Autoren, die im Laienstand verblieben sind, und bei der Anzahl der Autoren, die sowohl zu säkularen als auch zu religiösen Themen schreiben.

Anders gesagt, in der Spätzeit schreiben vergleichsweise mehr Laien häufiger über religiöse Themen als in der früheren Periode. Literarische Ausdrucksformen christlicher Religiosität sind nicht mehr dem geistlichen Stand vorbehalten, sondern haben in der Gelehrtengesellschaft breiten Einzug gehalten, ein Prozess

Elitekultur und christliche Religiosität in Spätantike und Byzanz

der bereits in der Komnenenzeit seit dem späten 11. Jahrhundert zutage tritt.[33] Dies kann als erstes Indiz für eine Gelehrsamkeit gelten, in der Christliches und Weltliches zunehmend amalgamiert werden.

Buchbesitz als Indiz für Interessenlagen

Buchbesitz und Kopistentätigkeit bestätigen dieses Bild. Sie zeigen, dass die Beschäftigung der Byzantiner mit Werken der Antike weit hinter anderen Vorlieben zurücktritt. Einer groben Schätzung zufolge sind heute ca. 70.000 Manuskripte erhalten, die im byzantinischen Jahrtausend kopiert wurden.[34] Die meisten davon befinden sich entweder heute noch in den Klöstern, in denen sie seit Jahrhunderten aufbewahrt wurden – z. B. im Sinai, in Grottaferrata, auf dem Athos oder auf Patmos – oder aber in den großen Bibliotheken Europas, in die sie ihren Weg gefunden haben als Resultat der gezielten Sammlertätigkeit von geistlichen und weltlichen Herrschern über die Jahrhunderte, insbesondere seit der Renaissance. Dem Interesse der Besitzer und Nutzer entsprechend findet sich tendenziell in letzteren Depositorien ein größerer Anteil an Texten der klassischen Antike, während in den Klosterbibliotheken der Bestand an spirituellen, theologischen und vor allem liturgischen Texten überwiegt.

Wir tun allerdings gut daran, uns bewusst zu machen, dass ‚unser' Interesse, das ja auch durch die Prioritäten unserer intellektuellen Vorväter in der Forschungsgeschichte geprägt ist, nicht dasselbe ist wie das Interesse der Byzantiner selbst. Von den *codices*, die in der mittelbyzantinischen Zeit kopiert wurden, sind nur ca. 9% nicht-religiösen Inhalts.[35] Somit beschäftigen sich 91% der in dieser Zeit kopierten Handschriften mit den Themen des Christentums in weitestem Sinne, von liturgischen Büchern über theologische Schriften und Hagiographie bis hin zu Kirchenrecht und Konzilsakten. 75% der bekannten

---

33 M. Mullett, Food for the Spirit and a Light for the Road. Reading the Bible in the Life of Cyril Phileotes by Nicholas Kataskepenos, in: C. Holmes/J. Waring (Hrsg.), Literacy, Education, and Manuscript Transmission in Byzantium and Beyond. Leiden 2002, 139-164, repr. in ead., Letters, Literacy and Literature in Byzantium (Aldershot and Burlington, VT, 2007).
34 F. Ronconi/S. Papaioannou, Book Culture, in: S. Papaioannou (Hrsg.), The Oxford Handbook of Byzantine Literature. Oxford 2021, 44-75, hier 49.
35 Ronconi/Papaioannou, Book Culture, 53.

Claudia Rapp

Kopisten in dieser Zeit waren Mönche oder Kleriker.[36] Dem entspricht auch die oben vorgestellte Erhebung, dass die Gelehrtenkultur dieser Zeit durch Männer im geistlichen Stand dominiert wurde.

Wie groß war nun unter den Byzantinern das Interesse am Besitz von Texten der klassischen Antike? Das lässt sich anhand der 40 erhaltenen Buchlisten (Kataloge), die vom 11. bis zum Ende des 15. Jahrhunderts überliefert sind, rekonstruieren, wie sie Jacques Bompaire zusammengestellt hat.[37] Es handelt sich um Listen verschiedenen Ursprungs: Inventarlisten von Klöstern, Testamente von Privatpersonen, Schenkungslisten von Privatpersonen an Klöster. Die Aufbewahrungsorte dieser Büchersammlungen sind einige wohlhabende Haushalte, aber zum größten Teil Klöster in Konstantinopel, Thessaloniki, Kleinasien, aber auch in Süditalien. Die Aufstellung macht anschaulich, in welchem Umfang die Antike in Büchersammlungen der mittel- und spätbyzantinischen Zeit repräsentiert ist. Wann die dort erfassten Manuskripte kopiert worden waren, ob vor wenigen Wochen oder vielen Jahrhunderten, lässt sich aber daraus nicht entnehmen.

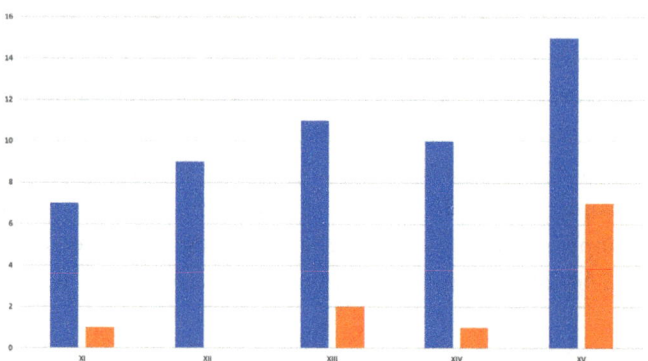

Werke der Antike (orange)
in den 40 erhaltenen byzantinischen Bücherlisten des 11. bis 15. Jhs.

---

36 *F. Ronconi*, Essere copista a Bisanzio. Tra immaginario collettivo, autorappresentazione e realtà, in: D. Bianchoni (Hrsg.), Storia della scrittura e altre storie. Rom 2014, 383-434, hier 428-431 mit tabellarischer Darstellung der Berufsbezeichnungen der Kopisten, darunter zahlreiche Kleriker.

37 *J. Bompaire*, Les catalogues des livres-manuscrits d'époque byzantine (XIe-XVe s.), in: I. Dujcev (Hrsg.), Byzance et les Slaves. Études de Civilisation. Paris 1979, 59-81.

Elitekultur und christliche Religiosität in Spätantike und Byzanz

Das Spektrum der vertretenen Interessen ist breit. Diese Büchersammlungen enthielten sowohl die berühmten Autoren der Antike von Aristoteles und Aristophanes über Homer und Platon bis Xenophon, als auch Lexika und Grammatiken, genauso wie Kirchenrecht oder Kaiserrecht mit Kommentaren, sowie Schriften zur Medizin, Physik, Mathematik, Astronomie, Meteorologie und Geologie. Die Kunst des Prognostizierens ist durch Traumbücher vertreten. Zudem finden sich historische Darstellungen der jüngeren Zeit (Michael Attaleiates, Niketas Choniates) sowie Chroniken, philologische und rhetorische Schriften und der erbauliche Roman des Barlaam und Joasaph.

Auch für diese Graphik gilt, dass sie nur einen groben Eindruck geben kann. Die bisher praktizierte Grenzziehung zwischen religiösen und säkularen Texten ist nur insofern durchgeführt, als die Texte der klassischen Antike mit Sicherheit der letzteren Kategorie zugeordnet werden können. Auf jeden Fall wird deutlich, dass das antike Schrifttum nur einen geringen Anteil im Buchbesitz der Byzantiner ausmachte. In den Listen des 12. Jahrhunderts fehlt es sogar gänzlich. Dies ändert sich erst im 15. Jahrhundert, als der Prozentsatz auf fast 50% ansteigt.

Für gelehrte Männer waren ihre Bücher ein kostbarer Besitz. Das galt für einen Bischof genauso wie für einen kaiserlichen Beamten oder einen Großgrundbesitzer in der Provinz.[38] Dabei waren die Kosten für das Pergament, den häufigsten Beschreibstoff, wesentlich höher als für die Bezahlung des Kopisten. Eine guter, aber nicht luxuriöser Kodex im Umfang von 200 bis 300 Folia kostete 20 bis 25 Nomismata, also Goldmünzen. Im Vergleich dazu wäre ein Ochse für 3 und ein gutes Pferd für 12 Nomismata zu kaufen gewesen.[39] Für einige war der Buchbesitz ein Luxus, den sie sich leisten konnten und wollten.

Recht gut informiert sind wir über die Büchersammlung des Arethas von Caesarea, weniger gut über seine Lebensumstände. Er war seit 902 Bischof von Caesarea und lebte wahrscheinlich bis 943.[40] Innerhalb von fast fünf Jahrzehnten, von 888 bis 932, ließ er insgesamt sieben Bücher anfertigen, in denen er auch

---

38 *Waring*, Byzantine Book Culture.
39 P. *Roconi*, La main insaississable. Rôle et fonctions des copistes byzantins entre réalité et imaginaire, in: Scrivere e leggere nell' alto medioevo. Spoleto, 28 aprile – 4 maggio 2011. (Settimane di studio del Centro italiano di studi sull' alto medioevo 59) Spoleto 2012, 627-668, hier 653f.
40 R. *Lilie*/C. *Ludwig*/ B. *Zielke*/T. *Pratsch*, Arethas: Ἀρέθας, in: Prosopographie der mittelbyzantinischen Zeit Online. Berlin/Boston 2013. Vgl. https://www.degruyter.com/database/PMBZ/entry/PMBZ22707/html (07.01.2024).

Claudia Rapp

Angaben zu Kopisten und Preis vermerkte. Die meisten seiner Kopisten waren Kirchenmänner, bei einigen gab er mehrere Handschriften in Auftrag. Mit seinem Interesse an den Autoren der klassischen Antike kann er als Paradebeispiel der Renaissance unter den Mazedonenkaisern gelten: Euklid, Aristoteles und Porphyrius, Platon, Aelius Aristides, Lukian, vielleicht auch – wie seine Scholien zu diesen Autoren in Handschriften des 10. Jahrhunderts vermuten lassen – Dio Chysostomos und Philostrat. Seine Codices von Euklid und Platon sind die ältesten erhaltenen Textzeugen dieser Autoren und heute für die Forschung von großem Wert. Aber Arethas war wohl eher die Ausnahme. Insgesamt war die Antike, wie wir gesehen haben, in den byzantinischen Büchersammlungen zu einem verschwindend geringen Anteil vertreten. Auch die Handbibliothek des Arethas wird die für einen Kleriker und Bischof nützlichen Bücher enthalten haben, also liturgische Texte und Kirchenrecht.

Vorliebe für Gebrauchstexte

Die nicht-christlichen, säkularen Texte in Byzanz schließen nicht nur die Autoren der Antike ein, sondern auch sogenannte Gebrauchstexte mit praktischer Anwendung, z. B. medizinische Handbücher oder Werke zur Astronomie und Astrologie. Wie sehr Werke dieser Art unter wohlhabenden und geschäftigen Männern geschätzt waren, lässt sich mindestens ansatzweise rekonstruieren. In der Bibliothek des Vatikans befinden sich 84 Manuskripte, die der finanziellen Elite gehört haben: Händler, Bankiers, Grundbesitzer. Peter Schreiner hat diese byzantinischen Rechenbücher eingehend erforscht.[41] Dort zeichnen die Besitzer an den Rändern oder auf einzelnen Blättern ihre Geschäfte auf, angefangen von einfachen persönlichen Ausgaben, z. B. für neue Schuhsolen, bis hin zum Verkauf von Handelswaren, insbesondere Textilien, und ausgegebenen Darlehen. Die Namen der Besitzer dieser Handschriften sind nicht bekannt, aber wir können uns eine Vorstellung von ihren Lesevorlieben machen anhand des Inhalts der Manuskripte, in denen sie ihre wichtigen Notizen angebracht haben.

---

41 P. *Schreiner*, Texte zur spätbyzantinischen Finanz- und Wirtschaftsgeschichte in Handschriften der Bibliotheca Vaticana. Vatikanstadt 1991.

Elitekultur und christliche Religiosität in Spätantike und Byzanz

34 der insgesamt 84 Handschriften in dieser Gruppe sind theologischer Natur, darin eingeschlossen 15 mit liturgischem Inhalt im weitesten Sinne. Die Mehrheit der Manuskripte, ganze 50, waren dagegen säkularer Natur. Allerdings waren ihre Besitzer Männer der Tat, die häufig fernab vom eigenen Domizil unterwegs waren. Für pures Lesevergnügen war daher wenig Gelegenheit. Nur 17 Manuskripte, also ca. 20% des untersuchten Gesamtbestandes, enthalten Texte der klassischen Antike oder Erzählungen von späteren Autoren.

Die Mehrheit der nicht-religiösen Manuskripte, 33 an der Zahl, d.h. 66%, enthalten Texte mit praktischer Anwendung: 9 Bücher zu Lexikographie und Grammatik, 8 Bücher Geschichtsschreibung (in Byzanz wie in der Antike verstanden als ethisch-moralischen Inhalts), 6 Bücher mit Naturwissenschaften, 4 mit Medizin, 2 mit Geographie und 4 Sammelhandschriften mit mehreren Texten verschiedener Art.

Diese Erhebung macht anschaulich, welche persönlichen Vorlieben die finanzielle Elite in ihrem privaten Bereich verfolgte. Es handelt sich schließlich um Bücher, die sie unmittelbar zur Hand hatten und daher auch für ihre täglichen Aufzeichnungen nutzten. Diese Geschäftsmänner waren hauptsächlich an Werken mit praktischer Anwendung interessiert, an zweiter Stelle an solchen mit religiösem oder liturgischem Inhalt. Erst an letzter Stelle kam das Lesevergnügen und die Texte der Antike. Dies kann als zweites Indiz gelten für den relativ geringen Stellenwert, den zahlreiche wohlhabende Byzantiner mit einem gewissen Bildungsstand der klassischen Literatur im Vergleich zu religiösen oder anderweitig nützlichen Texten einräumten.

Lehrbetrieb

Auch im Lehrbetrieb zeigt sich die Omnipräsenz des Christentums, und dies nicht nur in den frühen Jahren des Schulunterrichts, der gewöhnlich durch private Lehrer in den Provinzstädten erfolgte, sondern auch in der höheren Bildung, die durch hochgelehrte Männer in Konstantinopel oder Thessaloniki vermittelt wurde. Dieses dritte Indiz für den Stellenwert der christlichen Religionspraxis im byzantinischen Bildungswesen ist in Gebeten und Lehrtexten anzutreffen.

Claudia Rapp

In den byzantinischen Euchologien, Handschriften für den liturgischen Gebrauch von Priestern, findet sich eine Vielzahl von Gebeten für den Schulbetrieb. Diese Handschriften, die denen neben den sakramentalen Liturgien auch ein breites Spektrum von Gebeten für verschiedenste Anlässe im täglichen Leben von Frauen, Männern und Kindern enthalten, bieten wertvolles Material für die Erforschung der Alltagsgeschichte von Byzanz, wie wir dies im Vienna Euchologia Project seit 2015 unternehmen.[42]

Überliefert sind Gebete für den ersten Schultag, für Kinder mit Lernschwierigkeiten und in einer Handschrift des späten 13. Jahrhunderts sogar der ausdrückliche Hinweis, dass dieses Gebet sowohl für Burschen als auch für Mädchen gilt. Ilias Nesseris hat sieben Versionen von Gebeten identifiziert, die für diese Anlässe verwendet wurden. Sie sind seit dem 8. Jahrhundert in über 25 Handschriften überliefert. Diese Gebete beziehen sich auf die frühen Schuljahre, in denen der Unterricht üblicherweise am Heimatort oder in der Heimatregion durch ortsansässige Kleriker erfolgte.[43] Ein beredtes Beispiel ist der Ritus für Kinder mit Lernschwierigkeiten, der vom Kleriker bei Bedarf vollzogen werden konnte. Über dem Kopf des Kindes sollte dabei folgendes Gebet gesprochen werden:[44]

> *„Herr Jesus Christus unser Gott, der in aller Ehrlichkeit in den Herzen der zwölf Apostel gewohnt hat durch die Gnade des Heiligsten Geistes, der herabkam in der Form von Feuerzungen und ihre Lippen geöffnet hat, und sie begannen in anderen Sprachen zu sprechen: Herr Jesus Christus unser Gott, sende diesen deinen Heiligen Geist auf das hier anwesende Kind NN, und pflanze ein in die Ohren seines Herzens die heiligen Buchstaben, die Deine reine Hand eingeritzt hat auf der Tafel für den Gesetzgeber Moses. [Dir sei Ehre] jetzt und immerdar und von Ewigkeit zu Ewigkeit, Amen."*

---

42 Webseite des Projekts mit Links zu den Publikationen: https://www.oeaw.ac.at/en/imafo/research/byzantine-research/communities-and-landscapes/euchologia-project (07.01.2024).

43 I. *Nesseris*, Schooling Prayers. Some Preliminary Observations, in: C. Rapp/E. Afentoulidou/D. Galadza/I. Nesseris/G. Rossetto/E. Schiffer, Byzantine Prayer Books as Sources for Social History and Daily Life, in: Jahrbuch der Österreichischen Byzantinistik 67, 2017, 173-211, hier 204-210. Vgl. https://austriaca.at/?arp=0x00390f89 (07.01.2024). Die Überlieferungslage ist komplex, da dieselben, allgemein gehaltenen Gebetstexte auch zu anderen Anlässen verwendet werden konnten.

44 J. *Goar*, Euchologion sive Rituale Graecorum. 2. Aufl. Venedig 1730, 572-575, Zitat 574. Eigene Übersetzung. Dazu auch J. *Baun*, Coming of Age in Byzantium. Agency and Authority in Rites of Passage from Infancy to Adulthood, in: P. Armstrong (Hrsg.), Authority in Byzantium. Farnham/Burlington 2013, 113-135.

Elitekultur und christliche Religiosität in Spätantike und Byzanz

Wenn der Schulalltag von Kindern von Anfang an durch Gebete begleitet wird, welchen Stellenwert haben christliche Inhalte in der höheren Bildung, die nur einer sozialen Elite in den großen Städten vorbehalten war? Nützlichkeit, *chrêsis*, und die von Basilius von Caesarea propagierte Auslese, so dass der Leser wie eine fleißige Biene eine nützliche und für die Seele nahrhafte Auswahl trifft – dieses Prinzip findet sich auch in den Schultexten für die höhere Bildung, die sowohl an den weltlichen als auch an den klerikalen Bildungsinstitutionen, von Privatlehrern ebenso wie in der Patriarchatsschule verwendet wurden.

Seit dem frühen 10. Jahrhundert spielt in diesen Kontexten eine neue Form des Lehrtextes eine wichtige Rolle, die Schedographie. *Schedos* bedeutet so viel wie ‚Entwurf, Improvisation'. Die meisten *schedê* wurden im 11. und 12. Jahrhundert verfasst, und sind in ca. 20 Handschriften aus dem 13. und frühen 14. Jahrhundert überliefert.[45] Ein beträchtlicher Anteil dieser Handschriften sind auf ausradiertem Pergament, also auf Palimpsesten, geschrieben, die in der unteren Schicht häufig liturgische Texte aufweisen, die z. T. bereits im 10. Jahrhundert kopiert worden waren.[46] Es handelt sich bei den *schedê* um Rätsel und Wortspiele, die als Denksport oder *brain teasers*, wie wir heute sagen würden, eingesetzt wurden, um den Studierenden antike Wortbedeutungen und auch das korrekte Buchstabieren beizubringen. Denn in der Aussprache der Vokale und Diphtonge hatte sich über die Jahrhunderte der sogenannte Itazismus eingeschlichen, so dass der Buchstabe Eta und alle Diphthonge mit einem Iota (ai, ei, oi) mit dem Laut ‚i' gesprochen wurden. Wenn man aber im klassischen Versmaß dichten wollte, musste man die antike Prosodie, also die korrekte Buchstabierung der langen und kurzen Vokale beherrschen. Dazu war es unerlässlich, die Homophone (auf Griechisch: *antistoicha*) zu identifizieren und in ihrer Buchstabierung auseinanderzuhalten.

Auch bei den Lehrtexten der Schedographie lässt sich ein unbefangenes Nebeneinander von klassischem und christlichem Gedankengut beobachten. Ein typisches Beispiel ist die Handschrift Biblioteca Apostolica Vaticana, Barb.

---

45 P. *Agapitos*, Literary Haute Cuisine and Its Dangers. Eustathios of Thessaloniki on Schedography and Its Dangers, in: Dumbarton Oaks Papers 69, 2015, 225-242, hier 226. J. J. *Keaney*, Moschopoulea, in: Byzantinische Zeitschrift 64, 1971, 303-321; F. *Nousia*, Byzantine Textbooks of the Palaiologan Period. (Studi e testi 505) Vatikanstadt 2016, 49-92.

46 E. *Gamillscheg*, Zur handschriftlichen Überlieferung byzantinischer Schulbücher, in: Jahrbuch der Österreichischen Byzantinistik 26, 1977, 211-230.

gr. 102 (Diktyon 64650), kopiert 1290–1291. Sie enthält eine Sequenz von 41 *schedê*, von denen die ersten 21 christlichen Inhalts sind, und die weiteren 20 sich mit Themen der klassischen Mythologie beschäftigen.[47] Die Studenten wurden also im Rahmen ihrer hochspezialisierten Ausbildung gleichermaßen mit christlichem wie mit antikem Gedankengut konfrontiert.

Auffällig ist auch hier, wie bereits in der oben vorgestellten Psellos-Handschrift, die Erwähnung von Gebeten. Gebete wurden zu Beginn von verschiedenen Lehreinheiten in der Schedographie rezitiert, wie dies aus zahlreichen Handschriften hervorgeht. So beginnt die eben erwähnte Handschrift mit schedographischen Texten, Biblioteca Apostolica Vaticana, Barb. gr. 102, auf fol. 3r mit einem Gebet für den Beginn der Unterweisung durch den Lehrenden. Da die Lehrenden häufig Kleriker waren, liegt diese Praxis nahe. Wahrscheinlich war das Rezitieren eines Gebets für die Lehrer, egal ob Kleriker oder im weltlichen Stand, eine derartig eingebürgerte Sitte, dass dies im Normalfall nicht einmal der Erwähnung bedurfte.

Somit kann der Schulbetrieb mit seinen Gebetspraktiken und Lehrtexten als drittes Indiz gelten für die nahtlose Integration von Glaubensleben mit der Gelehrtenkultur.

Gebetstexte als literarisches Tauschgut

Wie wir gesehen haben, waren Gebete nicht nur liturgischen Kontexten vorbehalten, sondern gehörten zum Alltagsleben und Schulbetrieb der gebildeten Schichten, insofern uns dies in den Relikten der Schriftkultur zugänglich ist. Die gebildete Elite war in Byzanz gut vernetzt und stand in regem literarischen Austausch untereinander. Dies lässt sich insbesondere anhand der Briefsammlungen nachverfolgen, die gerade aus der spätbyzantinischen Zeit von zahlreichen Autoren überliefert sind. Ein kunstvoll gestalteter Brief, der den Adressaten auch ästhetisch direkt anspricht, galt in diesem Zusammenhang als eine Art Geschenk, für das man auch ein Gegengeschenk, wiederum in Briefform, erwarten konnte. Häufig wurden Briefe auch von zusätzlichen Gaben begleitet,

---

47 J. J. Keaney, Moschopoulea, 305-306. Digitale Aufnahmen der Handschrift: https://digi.vatlib.it/view/MSS_Barb.gr.102 (03.01.2024).

Elitekultur und christliche Religiosität in Spätantike und Byzanz

etwa kulinarischen Köstlichkeiten oder auch eigens für den Adressaten abgefasste Texte.

Für unsere Fragestellung besonders wichtig ist nun, dass auch Gebetstexte in diesem Austausch in gebildeten Kreisen eine Rolle spielen konnten. Dies ist das vierte Indiz für die Verquickung von Gelehrtenkultur und Religiosität.

Bezeichnend ist das Beispiel des Michael Gabras (ca. 1290-nach 1350). Er war mit 462 erhaltenen Briefen einer der produktivsten Epistolographen in Byzanz überhaupt. Seine Korrespondenz zeigt, wie auch eigens komponierte Gebete in einem Kreis von Literaten in den Austausch von Texten einbezogen waren. Michael war wie sein Bruder Johannes in Konstantinopel tätig. Die Brüder stammten aus einer angesehenen und wohlhabenden Familie, so dass ihnen auch ein umfassendes Studium möglich war. Michael selbst war nie verheiratet und hat wahrscheinlich in der kaiserlichen Kanzlei gearbeitet. Er hat offenbar selbst für die Zusammenstellung seines umfangreichen Briefcorpus gesorgt, auch wenn der *codex unicus*, der diese überliefert, wohl nicht aus seiner eigenen Feder stammt (Marc. gr. Z 446 (coll. 0902) [Diktyon 69917], insgesamt 304 folia, ehemals im Besitz Bessarions). Die Briefe sind in chronologischer Reihenfolge angeordnet und stammen aus dem Zeitraum von 1308 bis 1327.

In über 40 Briefen bezieht sich Michael Gabras auf ein Gebet, das er selbst verfasst hat, und zwar auf Nachfrage eines gewissen Zeianos, von dem sonst nur sein Titel *epi tou vestiariou* bekannt ist. Er sendet es an einzelne seiner Korrespondenten mit der Bitte um ihre Einschätzung der literarischen Qualität. Manchmal möchte er, dass sie das Gebet an andere weitergeben. Gelegentlich fordert er ein, dass es an ihn zurückgesendet wird.

Es handelt sich hier zwar um ein Gebet, aber eben auch um einen Text; es geht nicht allein um religiöse Befindlichkeit, sondern um ein literarisches Produkt. Für beide Aspekte erheischt er im Bekanntenkreis Resonanz. Besonders deutlich wird dies in seinem Brief an Manuel Philes aus dem Jahre 1327:

> *„Gebete, wie das Wort besagt, machen sich ja jeden Hörer zum familiären Freund. Du aber, der Du ja auch persönlich dem Guten wie nichts Anderem zugetan bist, mögest diese Gebete für Dich machen. Da ich sowohl Autor und Absender bin, steht zu erwar-*

Claudia Rapp

> ten, dass Du an diesen Gefallen findest, was ja auch eine angemessene Folge Deiner Liebe zum Guten wäre. Auf dieser Grundlage mögest Du gleichermaßen Gebete wie alles, was das Gute zur Absicht hat, mit Liebe bedenken. Und da dies Deine Eigenschaft ist, wirst Du auch meinetwillen sagen, dass Du die Gebete liebst, und Dich auf diese Weise aus der Ferne in perfekter Weise als ein solcher erweist. Wenn Du diese Gebete nun im Sinn haben wirst, ist es klar, dass dies gleichzeitig auch für mich gilt [und Du mich im Sinn hast]. Du sollst aber, ein für allemal, wissen, das ich als der Absender dieser Gebete für mich allein ein nichtiges Leben geführt habe."[48]

Der Autor nimmt für sich in Anspruch, dass er selbst beim Rezitieren des Gebetstextes durch seinen Adressaten jedes Mal auch in gewisser Weise präsent ist. Das literarisch mitgeteilte Gebet ist also nicht nur die Kommunikation des Betenden mit Gott, sondern auch eine Verbindung des Lesers und Betenden zu dessen Autor. Hier wird der antike epistolographische Topos, dass ein Brief den fernen Absender für den Adressaten gegenwärtig macht, ausgeweitet auf den Gebetstext, der ja durch seine häufige Rezitation eine besonders intensive Form der Vergegenwärtigung des Autors darstellt und durch seinen spirituellen Inhalt eine zwischenmenschliche Verbindung auf höherer Ebene ermöglicht.

Dieser Aspekt der Kommunikation durch Gebete erscheint auch in einem Brief des Patriarchen Athanasios im frühen 14. Jahrhundert, als er an einen uns unbekannten Adressaten ein Buch zurücksendete, mit dem Hinweis, dass dieses bei ihm ungelesen bleiben und sicher anderen mehr Freude bereiten würde. Stattdessen erbat er sich von seinem Gegenüber Gebete, von denen sie beide profitieren würden, der Betende und der Empfänger.[49]

Ebenfalls in diesen Zusammenhang gehört das Motiv des Gebets als Gegengabe oder Tauschgut. Dies findet sich z. B. im Briefcorpus des Theodoros Hyrtakenos, der im frühen 14. Jahrhundert in Konstantinopel als Lehrer und Autor aktiv war. Er stand mit zahlreichen Intellektuellen, darunter Nikephoros Choumnos und Theodoros Metochites, in Briefkontakt. In einem Brief an seinen

---

48 Michael Gabras, Ep. 415, hrsg. G. Fatouros, Die Briefe des Michael Gabras. Wien 1973. Bd. 2, 643, cf. Bd. 1, 54. Dazu auch Ep. 27 und Ep. 276 an Zeianos. Für wichtige Hinweise in Bezug auf diese schwierige Textpassage danke ich Elisabeth Schiffer und Krystina Kubina, von der auch die Übersetzung stammt.
49 Athanasios I, Patriarch von Konstantinopel, Ep. 20, hrsg. und übers. A.-M. Talbot, The Correspondence of Athanasius I, Patriarch of Constantinople. Washington, DC 1975, 50-51.

Elitekultur und christliche Religiosität in Spätantike und Byzanz

ehemaligen Schüler Loukites, der inzwischen in Trapezunt zu Wohlstand und Ehren gekommen war, bittet er diesen um einen Mantel. Als Dank dafür werde Hyrtakenos seinem Adressaten „ein neues Gewand aus Gebeten weben"[50].

Diese Beispiele zeigen, dass unter den hochgebildeten Männern der byzantinischen Spätzeit der Austausch von selbst verfassten Gebetstexten ein selbstverständliches Element in ihren literarischen Vernetzungsaktivitäten darstellte. Dies bestätigt den Eindruck der oben angeführten statistischen Erhebung, dass Laien in diesen Jahrhunderten eine deutliche Bereitschaft an den Tag legten, sich religiösen Themen zu widmen.

2. Fallbeispiel: Eine Handschrift im Besitz von Bessarion

Die Anleitung für ein Gebet und die Verwendung eines Amuletts für eine Frau in Geburtswehen aus einer Gelehrtenhandschrift des frühen 13. Jahrhunderts wurde oben bereits erwähnt. Ein analoger Fall ist eine Handschrift des späten 14. oder frühen 15. Jahrhunderts, die mit dem Namen des Bessarion verknüpft ist.

Bessarion (1403–1472) war ein Universalgelehrter und Büchersammler, der wie kein anderer den Brückenschlag von Konstantinopel nach Rom, von Orthodoxie zu Katholizismus, von der griechischen klassischen Kultur in die Kultur der italienischen Renaissance, verkörpert. Ursprünglich hieß er Basileios. Sein Mönchsname bezieht sich auf den Eremiten Bessarion, der aus den Sprüchen der Wüstenväter bekannt ist. Im Jahr 1437 reiste er von Konstantinopel nach Ferrara, um dort den kaiserlichen Standpunkt bei den Verhandlungen zu einer Kirchenunion zu vertreten, die als Preis für Militärhilfe gegen die Osmanengefahr ein dringendes Desiderat war. Während der Schiffsreise machte er die Bekanntschaft von Nikolaus von Kues, der vom Konzil von Basel aus direkt nach Konstantinopel gekommen war, um dort erste Verhandlungen in dieser Sache zu führen.

In Bessarions Reisegepäck befanden sich auch zahlreiche Manuskripte. Seine gesamte Bibliothek, die bis zu seinem Lebensende auf 746 Bände ange-

---

50 Theodoros Hyrtakenos, Ep. 78, hrsg. A. Karpozilos/G. Fatouros, The Letters of Theodoros Hyrtakenos. Athen 2017, 278. Diesen Hinweis verdanke ich Krystina Kubina.

wachsen war, vermachte er später der Biblioteca Marciana in Venedig. Unter Bessarions Handschriften befindet sich ein Manuskript von 310 Seiten (155 Folia), welches zwischen 1391 und 1404 kopiert wurde, Marc. gr. Z 408 (coll. 0672) (Diktyon 69879).[51]

Die Handschrift spiegelt genau das Interessenprofil, das im Leben Bessarions zum Ausdruck kommt: Kenntnis der klassischen Antike neben historischem Interesse an Themen mit Gegenwartsbezug, und dazu praktisches Wissen im Kontext des Christentums. Interessanterweise sind die meisten Texte im umgangssprachlichen Sprachregister verfasst. Den größten Teil bildet der byzantinische Alexanderroman in 12-Silbern, der einzige Zeuge dieser mittelalterlichen Bearbeitung. Daneben gibt es, ebenfalls im sogenannten ‚politischen Versmaß', Kleinchroniken zur Geschichte Konstantinopels seit der Lateinerherrschaft sowie eine griechische Fassung der Konstantinischen Schenkung. Die gesamte Handschrift ist von einer geübten Gelehrtenhand geschrieben, und sicher kein Zufallsprodukt, so dass wir annehmen können, dass der Kopist auch gleichzeitig Kompilator und Redaktor gewesen ist.

Daher ist es besonders interessant, dass unter den weiteren kurzen Texten auch praktische Anliegen Erwähnung finden: Ein Gegenmittel für jede Art von Verletzung und Schnittwunden beginnt mit einer kleinen Erzählung (Historiola) wie Jesus auf dem Ölberg drei jungen Männern eine besondere Heilpflanze gezeigt hat und mündet in ein Gebet (fol. 147r). Wenige Seiten später (fol. 152rv) folgt eine Beschwörung gegen Schlangenbiss. Hier bezieht sich die Historiola auf das Schlangenwunder des Paulus in Malta aus der Apostelgeschichte (Apg 27–28); allerdings ist der Ort in unserem Codex als Ausitis Sikelias bezeichnet. Der Erzengel Michael zeigt Paulus ein Buch, in welchem ein Exorzismus gegen die verschiedensten Arten von Schlangen aufgeschrieben ist. Wenn man, so heißt es dort, diese Beschwörungsformel, die mit einer trinitarischen Doxologie

---

51 E. Mioni, Codices graeci manuscripti bibliothecae divi Marci Venetiarum. Thesaurus antiquus. Bd. 2: Codices 300-625. Rom 1985, 161-165. Zu dieser Handschrift auch W. J. Aerts, Lexikographica aus dem Byzantinischen Alexandergedicht und aus Nikon vom Schwarzen Berg, in: E. Trapp/ S. Schönauer (Hrsg.), Lexicologica byzantina. Göttingen 2008, 151-162. Dazu zuletzt N. Zorzi, Storia antica e storia bizantina nei manoscritti della biblioteca di Bessarione, in: A. Rigo/N. Zorzi (Hrsg.), I libri di Bessarione. Studi sui manoscritti del Cardinale a Venezia e in Europa. Turnhout 2021, 277-305, hier 293, mit weiterführender Bibliographie. Diese Handschrift wurde im Februar 2023 bei einer Bereisung durch das Team des Vienna Euchologia Project näher untersucht. Mein Dank gilt Eirini Afentoulidou für die Transkription.

Elitekultur und christliche Religiosität in Spätantike und Byzanz

endet, liest und dann noch Wasser in ein neues Gefäß gibt, dies dreimal mit der Beschwörungsformel bespricht und der betroffenen Person zu trinken gibt, dann wird diese sofort geheilt. Der Kontext dieser Handschrift legt nahe, dass diese Verrichtungen nicht nur Priestern vorbehalten waren, sondern auch von anderen Personen vollzogen werden konnten.

Das Buchwissen und das praktische Wissen finden sich hier in direkter Nähe, zum Nutzen der gebildeten Leserschaft. Die Präsenz von religiösen bzw. rituellen Texten in organischem Zusammenhang mit Gelehrtenliteratur stellte offenbar für die Byzantiner selbst, besonders in der Spätzeit, keinen Gegensatz dar.

Conclusio

Bessarion verkörpert säkulare Gelehrsamkeit, einschließlich Antikenrezeption, und theologische Bildung. Zusätzlich aber zeigt er auch durch seinen Buchbesitz ein aktives Interesse an der gelebten Religion. Wir tun gut daran, diese Texte – religiös und im Graubereich zu magischen Praktiken und dazu noch im niedrigen Sprachregister der Volkssprache – heute genauso ernst zu nehmen wie den metrischen Alexanderroman, für den Bessarions Manuskript die einzige erhaltene Version darstellt. Die in der Fachwelt der Byzantinistik althergebrachte Trennung zwischen Hochsprache und Volkssprache, und zwischen Literatur einerseits und Religion andererseits, mit der wir unsere Betrachtungen begonnen haben, wird somit durch einen holistischen, kulturhistorischen Zugang zu den Manuskripten immer wieder Infrage gestellt. Erst wenn wir die Manuskripte nicht als Depositorien einzelner Texte, sondern als ganzheitliche Gebrauchsobjekte wahrnehmen, werden wir das volle – auch religiöse – Ausmaß der Geisteswelt der byzantinischen Gelehrten erfassen.

Gebetstexte verdienen in diesem Zusammenhang durchaus unsere Aufmerksamkeit, und sollten nicht als irrelevantes oder formelhaftes Beiwerk abgetan werden. Gelehrte Männer begannen ihren Unterricht mit einem Gebet und begleiteten schwierige Schüler bei Bedarf mit Gebetshilfe. Sie integrierten religiöse Themen in ihre Sprachunterweisung durch die Schedographie. Viele von ihnen haben Gebetstexte selbst verfasst und im Freundeskreis ausgetauscht.

Claudia Rapp

Manche legten Wert darauf, dass in den Manuskripten in ihrem Privatbesitz neben literarischen Texten auch einzelne Gebete zur Heilung oder bei Geburtskomplikationen einen Platz fanden.

Über das tiefe Glaubensleben der byzantinischen Gelehrten können wir uns letztendlich kein Urteil erlauben. Die Selbstdarstellung des Autoren-„Ich", ein großes Forschungsthema der jüngsten Zeit, steht ja immer innerhalb der kulturellen und literarischen Diskurse seiner Zeit. Aber wenn wir dieses aktive Interesse der Autoren und Buchbesitzer am gelebten Christentum ausklammern, oder es durch die Suche nach Antikenrezeption und Hochsprachlichkeit überschattet wird, dann laufen wir tatsächlich Gefahr, in den Zerrspiegel hineinzutappen, vor dem Cyril Mango seinerzeit gewarnt hatte. Es ist an der Zeit, die Byzantiner, und dort gerade auch die gebildeten Schichten, in ihrer ganzen ‚Mittelalterlichkeit' zu sehen, als aktive und gestaltende Teilnehmer an einer zutiefst christlichen Kultur, die in einem kreativen und dynamischen Verhältnis zur paganen Antike stand. Der göttliche Logos war den byzantinischen Gelehrten, den *logioi*, genauso wichtig wie die *logoi* der Klassiker, und dies nicht etwa im stillen Kämmerlein, sondern im nach außen getragenen Ausdruck ihrer Gelehrsamkeit, in ihrer Buchkultur.

Elitekultur und christliche Religiosität in Spätantike und Byzanz

Das Publikum applaudiert nach dem Vortrag.

Literaturverzeichnis

W. J. *Aerts*, Lexikographica aus dem Byzantinischen Alexandergedicht und aus Nikon vom Schwarzen Berg, in: E. Trapp/S. Schönauer (Hrsg.), Lexicologica byzantina. Göttingen 2008, 151–162.

E. *Afentoulidou*, Zwischen Liturgie und Magie. Die byzantinischen Gebete zum Wochenbett, in: M. Breitenstein/Chr. Schmidt (Hrsg.), Medialitat und Praxis des Gebets vor der Moderne. (Das Mittelalter. Perspektiven mediavistischer Forschung 24/2) Berlin 2019, 360–369.

P. *Agapitos*, Literary Haute Cuisine and Its Dangers. Eustathios of Thessaloniki on Schedography and Its Dangers, in: Dumbarton Oaks Papers 69, 2015, 225–242.

P. *Agapitos*, Contesting Conceptual Boundaries. Byzantine Literature and Its Histories, in: Interfaces 1, 2015, 62–91.

J. *Baun*, Coming of Age in Byzantium. Agency and Authority in Rites of Passage from Infancy to Adulthood, in: P. Armstrong (Hrsg.), Authority in Byzantium. Farnham/Burlington 2013, 113–135.

H.-G. *Beck*, Kirche und theologische Literatur im byzantinischen Reich. (Handbuch der Altertumswissenschaft XII 2, 1) München 1959.

H.-G. *Beck*, Geschichte der byzantinischen Volksliteratur. (Handbuch der Altertumswissenschaft XII 2, 3) München 1971.

J. *Bompaire*, Les catalogues des livres-manuscrits d'époque byzantine (XIe-XVe s.), in: I. Dujcev (Hrsg.), Byzance et les Slaves. Études de Civilisation. Paris 1979, 59–81.

C. *Cupane*, Literatur, in: F. Daim (Hrsg.), Byzanz. Historisch-kulturwissenschaftliches Handbuch. (Der Neue Pauly, Supplemente Bd. 11) Stuttgart 2016, 930–971.

C. *Cupane*, Die literarische Sprache von Byzanz, in: F. Daim (Hrsg.), Byzanz. Historisch-kulturwissenschaftliches Handbuch. (Der Neue Pauly, Supplemente Bd. 11) Stuttgart 2016, 925–930.

E. *Gamillscheg*, Zur handschriftlichen Überlieferung byzantinischer Schulbücher, in: Jahrbuch der Österreichischen Byzantinistik 26, 1977, 211–230.

P. *Gautier*, Le *De daemonibus* du Pseudo-Psellos, in: Revue des études byzantines 38, 1980, 105–194.

Literaturverzeichnis

J. *Goar*, Euchologion sive Rituale Graecorum, 2. Aufl. Venedig 1730.

G. *Horrocks*, Greek. A History of the Language and its Speakers. 2. Aufl. Chichester 2014.

H. *Hunger*, Die hochsprachliche profane Literatur der Byzantiner, 2 Bde. (Handbuch der Altertumswissenschaft XII 5,1) München 1978.

J. J. *Keaney*, Moschopoulea, in: Byzantinische Zeitschrift 64, 1971, 303–321.

K. *Krumbacher*, Geschichte der byzantinischen Litteratur. (Handbuch der klassischen Altertumswissenschaft IX 1) 2. Aufl., bearbeitet von A. Ehrhard und H. Gelzer, München 1897, Nachdruck New York 1970.

P. *Lemerle*, Le premier humanisme byzantin. Notes et remarques sur enseignement et culture à Byzance des origines au Xe siècle. Paris 1971. (englische Übersetzung von H. Lindsay/A. Moffatt, Byzantine Humanism. The First Phase. Notes and Remarks on Education and Culture in Byzantium from its Origins to the 10th Century. Canberra 1986.)

H. *Leppin*, Christianisierungen im Römischen Reich: Überlegungen zu Begriff und Phasenbildung, in: Zeitschrift für Antikes Christentum 16, 2012, 247–278.

R. *Lilie/C. Ludwig/ B. Zielke/T. Pratsch*, Arethas: Ἀρέθας, in: Prosopographie der mittelbyzantinischen Zeit Online. Berlin/Boston 2013. Vgl. https://www.degruyter.com/database/PMBZ/entry/PMBZ22707/html (07.01.2024).

R. *Lilie/C. Ludwig/ B. Zielke/T. Pratsch*, Leon: Λέων, in: Prosopographie der mittelbyzantinischen Zeit Online. Berlin/Boston 2013. Vgl. https://www.degruyter.com/database/PMBZ/entry/PMBZ26570/html (07.01.2024).

C. *Mango*, Byzantine Literature as a Distorting Mirror. An Inaugural Lecture Delivered Before the University of Oxford on 21 May 1974. Oxford 1975.

M. *Maniaci* (Hrsg.), Trends in Statistical Codicology. Berlin/Boston 2022.

K.-P. *Matschke/F. Tinnefeld*, Die Gesellschaft im späten Byzanz. Gruppen, Strukturen und Lebensformen. Köln/Wien 2001.

S. *McNally*, Syncretism in Panopolis? The Evidence of the ‚Mary Silk' in the Abegg Stiftung, in: J. van der Vliet/B. P. Muhs/A. Egberts (Hrsg.), Perspectives on Panopolis. An Egyptian Town from Alexander the Great to the Arab Conquest. Leiden und Boston 2002, 145–164.

Literaturverzeichnis

M. Mullett, Food for the Spirit and a Light for the Road. Reading the Bible in the Life of Cyril Phileotes by Nicholas Kataskepenos, in: C. Holmes/ J. Waring (Hrsg.), Literacy, Education, and Manuscript Transmission in Byzantium and Beyond. Leiden 2002, 139–164.

I. Nesseris, Higher Education in Constantinople in the 12th Century. Ph.D. Dissertation Universität Ioannina 2014 (auf Griechisch).

I. Nesseris, Schooling Prayers. Some Preliminary Observations, in: C. Rapp/ E. Afentoulidou/D. Galadza/I. Nesseris/G. Rossetto/E. Schiffer, Byzantine Prayer Books as Sources for Social History and Daily Life, in: Jahrbuch der Österreichischen Byzantinistik 67, 2017, 173–211.

F. Nousia, Byzantine Textbooks of the Palaiologan Period. (Studi e testi 505) Vatikanstadt 2016.

S. Papaioannou, Michael Psellos. Rhetoric and Authorship in Byzantium. Cambridge 2013.

S. Papaioannou, Byzantine historia, in: K. Raaflaub (Hrsg.), Thinking, Recording, and Writing History in the Ancient World. Chichester 2014, 297–313.

S. Papaioannou, Authors (with an Excursus on Symeon Metaphrastes), in: ders. (Hrsg.), The Oxford Handbook of Byzantine Literature. Oxford 2021, 484–524.

J. Preiser-Kapeller, Byzanz. Das Neue Rom und die Welt des Mittelalters. München 2023.

C. Rapp/E. Schiffer/E. Afentoulidou, Das Wiener Euchologien-Projekt. Anlassgebete als Quelle zur Sozial- und Alltagsgeschichte. Drei Fallbeispiele, in: M. Breitenstein/Chr. Schmidt (Hrsg.), Medialitat und Praxis des Gebets vor der Moderne. (Das Mittelalter. Perspektiven mediavistischer Forschung 24/2) Berlin 2019, 337–369.

A. Rhoby, Bildung und Ausbildung. Wissensvermittlung in Byzanz, in: F. Daim (Hrsg.), Byzanz. Historisch-kulturwissenschaftliches Handbuch. (Der Neue Pauly, Supplemente Bd. 11) Stuttgart 2016, 995–1016.

F. Ronconi/S. Papaioannou, Book Culture, in: S. Papaioannou (Hrsg.), The Oxford Handbook of Byzantine Literature. Oxford 2021, 44–75.

F. Ronconi, Essere copista a Bisanzio. Tra immaginario collettivo, autorappresentazione e realtà, in: D. Bianchoni (Hrsg.), Storia della scrittura e altre storie. Rom 2014, 383–434.

Literaturverzeichnis

P. *Schreiner*, Texte zur spätbyzantinischen Finanz- und Wirtschaftsgeschichte in Handschriften der Bibliotheca Vaticana. Vatikanstadt 1991.

K. *Snipes*, The Chronographia of Michael Psellos and the Textual Tradition and Transmission of the Byzantine Historians of the Eleventh and Twelfth Centuries, in: Zbornik radova vizantoloskog instituta (Belgrad) 27–28, 1989, 43–61.

J. *Waring*, Literacies of Lists. Reading Byzantine Monastic Inventories, in: C. Holmes/J. Waring (Hrsg.), Literacy, Education and Manuscript Transmission in Byzantium and Beyond. Leiden u.a. 2002, 165–185.

J. *Waring*, Byzantine Book Culture, in: L. James (Hrsg.), A Companion to Byzantium. Chicester 2010, 275–288.

D. *Willers*, Bild und Deutung, in: D. Willers/B. Niekamp (Hrsg.), Der Dionysosbehang der Abegg-Stiftung. (Riggisberger Berichte 20) Riggisberg 2015, 7–107.

N.G. *Wilson*, Saint Basil on the Value of Greek Literature. London 1975.

N.G. *Wilson*, Photius, The Bibliotheca. A Selection Translated with Notes. London 1994.

N. *Zorzi*, Storia antica e storia bizantina nei manoscritti della biblioteca di Bessarione, in: A. Rigo/N. Zorzi (Hrsg.), I libri di Bessarione. Studi sui manoscritti del Cardinale a Venezia e in Europa. Turnhout 2021, 277–305.

Claudia Rapp – Schriftenverzeichnis

Monographien

1. Holy Bishops in Late Antiquity. The Nature of Christian Leadership in a Time of Transition. Berkeley u. a. 2005, Paperback 2013. (Rumänische Übersetzung: Episcopat și sfinţenie în antichitatea târzie. Iași 2023).
2. Brother-Making in Late Antiquity and Byzantium. Monks, Laymen, and Christian Ritual. Oxford 2016.
3. Zerrspiegel, Streiflichter und Seitenblicke. Perspektiven der Byzantinistik heute. (Das mittelalterliche Jahrtausend 9) Göttingen 2023.

Sammelbände

1. C. Rapp/S. Efthymiadis/D. Tsougarakis (Hrsg.), Bosphorus. Essays in Honour of Cyril Mango. (Byzantinische Forschungen 21) Amsterdam 1995.
2. C. Rapp/ M. Salzman (Hrsg.), Elites in Late Antiquity. Sonderheft der Zeitschrift Arethusa 33. 2000.
3. C. Rapp/ H. Drake/E. Albu/S. Elm/M. Maas/M. Salzman (Hrsg.), Violence in Late Antiquity. Perceptions and Practices. Aldershot 2006.
4. C. Rapp/H. Drake (Hrsg.), The City in the Classical and Post-Classical World. Changing Contexts of Power and Identity. New York 2014. Online unter: DOI: 10.1017/CBO9781139507042.
5. C. Rapp (Hrsg.), Mensch und Gesellschaft, in: F. Daim (Hrsg.), Byzanz. Historisch-kulturwissenschaftliches Handbuch. (Der Neue Pauly Supplemente 11) Stuttgart 2016, 353–416.
6. C. Rapp/F. Daim/Ch. Gastgeber/D. Heher (Hrsg.), Menschen, Bilder, Sprache, Dinge. Wege der Kommunikation zwischen Byzanz und dem Westen. Mainz 2018.
7. C. Rapp/A. Kuelzer (Hrsg.), The Bible in Byzantium. Appropriation, Adaptation, Interpretation. (Journal of Ancient Judaism. Supplements 25) Göttingen 2018.

8. C. Rapp/F. Daim/J. Pahlitzsch/J. Patrich/J. Seligman (Hrsg.), Pilgrimage to Jerusalem. Journeys, Destinations, Experiences Across Times and Cultures. (Byzanz zwischen Orient und Okzident 19) Mainz 2020. Online unter: https://doi.org/10.11588/propylaeum.711.
9. C. Rapp (Hrsg.), Euchologia. (Studia Patristica 108. Bd. 5. Papers Presented at the Eighteenth International Conference on Patristic Studies held in Oxford 2019) Leuven 2021.
10. Claudia Rapp et al., Mobility and Migration in Byzantium. A Sourcebook. (Moving Byzantium 1) Göttingen 2023. Online unter: https://www.vr-elibrary.de/doi/book/10.14220/9783737013413.
11. C. Rapp/ E. Bonfiglio (Hrsg.), Armenia and Byzantium without Borders. Mobility, Interaction, Responses. Leiden 2023.
12. C. Rapp (Hrsg.), Mobility and Migration in the Early Medieval Mediterranean. Thematisches Cluster in Early Medieval Europe 31/3, 2023. Online unter: https://onlinelibrary.wiley.com/toc/14680254/2023/31/3 - Featured as Article of the Month (October 2023), Mediterranean Seminar.
13. C. Rapp/G. Rossetto/J. Grusková/G. Kessel (Hrsg.), New Light on Old Manuscripts. The Sinai Palimpsests and Other Advances in Palimpsest Studies. Wien 2023. Online unter: Doi: 10.1553/978OEAW91575.
14. C. Rapp/Y. Stouraitis (Hrsg.), Microstructures and Mobility in the Byzantine World. (Moving Byzantium 2) Göttingen 2024.

Artikel in Fachzeitschriften

1. Ein bisher unbekannter Brief des Patriarchen Gregor von Zypern an Johannes II., Sebastokrator von Thessalien, in: Byzantinische Zeitschrift 81, 1988, 12–28.
2. Frühbyzantinische Dichtung und Hagiographie am Beispiel der Vita des Epiphanius von Zypern, in: Rivista di studi bizantini e neoellenici 27, 1991, 3–31.
3. Christians and their Manuscripts in the Greek East during the Fourth Century, in: G. Cavallo et al. (Hrsg.), Scritture, libri e testi nelle aree provinciali di Bisanzio. Spoleto 1991, 127–148.

Claudia Rapp – Schriftenverzeichnis

(Italienische Übersetzung: Libri e lettori cristiani nell'Oriente greco del IV secolo, Bisanzio fuori Bisanzio, hrsg. v. G. Cavallo. Palermo 1991).
4. Epiphanius of Salamis. The Church Father as Saint, in: A. A. M. Bryer/G. S. Georghallides (Hrsg.), The Sweet Land of Cyprus. Papers Given at the Twenty-Fifth Jubilee Spring Symposium of Byzantine Studies, Birmingham, March 1991. Nicosia 1993, 169–187.
5. Der heilige Epiphanius im Kampf mit dem Dämon des Origenes. Kritische Erstausgabe des Wunders BHG 601i, in: F. Berger et al. (Hrsg.), Symbolae Berolinenses für Dieter Harlfinger. Amsterdam 1993, 249–269.
6. Byzantine Hagiographers as Antiquarians, 7th to 10th century, in: C. Rapp/S. Efthymiadis/D. Tsougarakis (Hrsg.), Bosphorus. (Byzantinische Forschungen, 21) Amsterdam 1995, 31–44.
7. Figures of Female Sanctity. Byzantine Edifying Manuscripts and their Audience, in: Dumbarton Oaks Papers 50, 1996, 313–344.
8. Ritual Brotherhood in Byzantium, in: Traditio 52, 1997, 285–326.
9. Imperial Ideology in the Making. Eusebius of Caesarea on Constantine as 'Bishop', in: Journal of Theological Studies 49, 1998, 685–695.
10. Storytelling as Spiritual Communication in Early Greek Hagiography. The Use of Diegesis, in: Journal of Early Christian Studies 6/3, 1998, 431–448.
11. Comparison, Paradigm and the Case of Moses in Panegyric and Hagiography, in: M. Whitby (Hrsg.), The Propaganda of Power. The Role of Panegyric in Late Antiquity. Leiden 1998, 277–298.
12. Byzantine Hagiography, in: Symbolae Osloenses 73, 1998, 42–45.
13. 'For Next to God, You are My Salvation'. Reflections on the Rise of the Holy Man in Late Antiquity, in: J. Howard-Johnston/P. A. Hayward (Hrsg.), The Cult of Saints in Late Antiquity and the Early Middle Ages. Essays on the Contribution of Peter Brown. Oxford 1999, 63–81.
14. Mark the Deacon, *Life of Porphyry of Gaza*. Introduction, partial translation and annotation, in: Thomas Head (Hrsg.), Medieval Hagiography. An Anthology. New York 2000, 53–75.
15. The Elite Status of Bishops in Late Antiquity in Ecclesiastical, Spiritual, and Social Contexts, in: Arethusa 33, 2000, 379–399.

16. Palladius, Lausus and the Historia Lausiaca, in: S. Takács/C. Sode (Hrsg.), Novum Millennium. Essays in Honor of Paul Speck. Aldershot 2001, 279–289.
17. Monasticism, Prayer and Penance in Late Antiquity, in: Bulletin of Saint Shenouda the Archimandrite Coptic Society 6, 2001, 83–93.
18. A Medieval Cosmopolis. Constantinople and its Foreigners, in: J. M Asgeirsson/N. van Deusen (Hrsg.), Alexander's Revenge. Hellenistic Culture through the Centuries. Reykjavík 2002, 153–171.
19. Bishops in Late Antiquity. A New Social and Urban Elite?, in: J. Haldon/L. Conrad (Hrsg.), The Byzantine and Early Islamic Near East VI. Elites Old and New in the Byzantine and Early Islamic Near East. Princeton 2004, 149–178.
20. Hagiography and Monastic Literature between Greek East and Latin West in Late Antiquity, in: LII Settimana di studio del Centro italiano di studi sull'alto medioevo. Spoleto 2004, 1221–1280.
21. All in the Family. John the Almsgiver, Nicetas and Heraclius, in: Nea Rhome. Rivista di ricerche bizantinistiche 1, 2004 (= Studi in onore di Vera von Falkenhausen), 121–134.
22. Literary Culture under Justinian, in: M. Maas (Hrsg.), The Cambridge Companion to the Age of Justinian. Cambridge/New York 2005, 376–397.
23. The Antiochos Manuscript at Keio University. A Preliminary Description, in: T. Matsuda (Hrsg.), Codices Keioenses. Essays on Western Manuscripts and Early Printed Books in Keio University Library. Tokyo 2005, 11–29.
24. Holy Texts, Holy Books, Holy Scribes. Aspects of Scriptural Holiness in Late Antiquity, in: W. Klingshirn/L. Safran (Hrsg.), The Early Christian Book. Washington, D.C. 2006, 194–222.
25. The Cult of Saints, 300–600, in: W. Löhr (Hrsg.), Cambridge History of Ancient Christianity. Cambridge/New York 2006, 548–566.
26. Desert, City and Countryside in the Early Christian Imagination, in: J. Dijkstra/M. van Dijk (Hrsg.), The Encroaching Desert. Egyptian Hagiography and the Medieval West. (Dutch Archive of Church History = Church History and Religious Culture 86) Leiden 2006, 93–112.

27. Spiritual Guarantors at Penance, Baptism and Ordination in the Late Antique East, in: A. Firey (Hrsg.), A New History of Penance. Leiden 2008, 121–148.
28. Hellenism and Identity in Byzantium, in: K. Zacharia (Hrsg.), Hellenisms. Culture, Identity, and Ethnicity from Antiquity to Modernity. Aldershot 2008, 127–148.
29. Safe-Conducts to Heaven. Holy Men, Mediation and the Role of Writing, in: Ph. Rousseau/E. Papoutsakis (Hrsg.), Transformations of Late Antiquity. Essays for Peter Brown. Farnham/Burlington 2009, 187–203.
30. Charity and Piety as Episcopal and Imperial Virtues in Late Antiquity, in: Y. Lev (Hrsg.), Charity and Piety. (Studien zur Geschichte und Kultur des islamischen Orients) Berlin 2009, 63–75.
31. Old Testament Models for Emperors in Early Byzantium, in: R. Nelson/ P. Magdalino (Hrsg.), The Old Testament in Byzantium. Washington, D.C. 2010, 175–197.
32. The Literature of Early Monasticism. Purpose and Genre between Tradition and Innovation, in: R. Flower/C. Kelly/M. Williams (Hrsg.), Unclassical Traditions. Alternatives to the Classical Past in Late Antiquity. (Cambridge Classical Journal, Supplement) Cambridge 2010, 119–130.
33. Report on the Iconic Books Symposium, in: Bulletin for the Study of Religion 40/1, 2011, 34–36.
34. The Christianization of the Idea of the Polis in Early Byzantium, in: A. Nikolov (Hrsg.), Proceedings of the International Congress of Byzantine Studies, Sofia 2011. Vol. 1: Plenary Papers. Sofia 2011, 263–284.
35. Early Monasticism in Egypt. Between Hermits and Cenobites, in: G. Melville/A. Müller (Hrsg.), Female vita religiosa between Late Antiquity and the High Middle Ages. Structures, Developments and Spatial Contexts. Zürich/Berlin/Münster 2011, 21–42.
36. Hagiography and the Cult of Saints in the Light of Epigraphy and Acclamations, in: D. Sullivan/E. Fisher/E. Papaioannou (Hrsg.), Byzantine Religious Culture. Studies in Honor of Alice-Mary Talbot. Leiden/Boston 2012, 291–311.
37. Death at the Byzantine Court. The Emperor and his Family, in: K.-H. Spiess/I. Warntjes (Hrsg.), Death at Court. Wiesbaden 2012, 267–286.

38. Adolf Harnack and the Palaeontological Layer of Church History, in: B. Leyerle/R. Darling Young (Hsrg.), Ascetic Culture. Essays in Honor of Philip Rousseau. Notre Dame, Indiana 2013, 295–314.
39. Church and State, Religion and Power in Late Antique and Byzantine Scholarship of the Last Five Decades, in: P. Clarke/C. Methuen (Hrsg.), The Church on its Past. (Studies in Church History 49) London 2013, 447–467.
40. Polis-Imperium-Oikoumene. A World Reconfigured, in: C. Rapp/ H. A. Drake (Hrsg.), The City in the Classical and Post-Classical World. Changing Contexts of Power and Identity. New York 2014, 1–13 (mit H. A. Drake).
41. City and Citizenship as Christian Concepts of Community in Late Antiquity, in: C. Rapp/H. A. Drake (Hrsg.), The City in the Classical and Post-Classical World. Changing Contexts of Power and Identity. New York 2014, 153–166.
42. Christianity in Cyprus in the Fourth to Seventh Centuries. Chronological and Geographical Frameworks, in: C.A. Stewart/Th.W. Davis/A. Weyl Carr (Hrsg.), Cyprus and the Balance of Empires. Art and Archaeology from Justinian I to the Coeur de Lion. Boston 2014, 29–38.
43. Die unvollständige Weltflucht des frühen Mönchtums, in: H.-G. Nesselrath/M. Rühl (Hrsg.), Der Mensch zwischen Weltflucht und Weltverantwortung. Lebensmodelle der paganen und der jüdisch-christlichen Antike. Tübingen 2014, 167–179.
44. Die Entstehungsgeschichte der Byzantinistik in Wien. Das Fremde im Eigenen, in: K. A. Fröschl/G. B. Müller/Th. Olechowski/B. Schmidt-Lauber (Hrsg.), Reflexive Innensichten aus der Universität. Disziplinengeschichten zwischen Wissenschaft, Gesellschaft und Politik. (650 Jahre Universität Wien – Aufbruch ins neue Jahrhundert. Bd. 4) Wien 2015, 551–561.
45. Author, Audience, Text and Saint. Two Modes of Early Byzantine Hagiography, in: Scandinavian Journal of Byzantine and Modern Greek Studies 1, 2015, 111–129.
46. Late Antique Metaphors for the Shaping of Christian Identity. Coins, Seals and Contracts, in: H. Amstutz et al. (Hrsg.), Fuzzy Boundaries. Festschrift für Antonio Loprieno. Bd. 2. Hamburg 2015, 727–744.

47. Cypriot Hagiography in the Seventh Century. Patrons and Purpose, in: Th. X. Giagkou/Ch. Nassis (Hrsg.), Kypriaki Agiologia. Praktika a' diethnous synedriou, Paralimni, 9–12 Februariou 2012. Agia Napa-Paralimni 2015, 397–411.
48. Menschenbild und Weltbild, in: F. Daim (Hrsg.), Byzanz. Historisch-kulturwissenschaftliches Handbuch. Stuttgart 2016, 353–357.
49. Stabilität durch Gruppenbildung. Rituelle Verwandtschaft, Gebetsbrüderschaften, Gilden, in: F. Daim (Hrsg.), Byzanz. Historisch-kulturwissenschaftliches Handbuch. Stuttgart 2016, 396–402.
50. Die antike Polis als Modell für städtische Gemeinschaft in der Gedankenwelt der Byzantiner, in: E. Gruber/M. Popovic/M. Scheutz/H. Weigl (Hrsg.), Städte im lateinischen Westen und griechischen Osten zwischen Spätantike und früher Neuzeit, Wien 2016, 241–256.
51. Byzantine Studies in the New Millennium. Introduction, in: Proceedings of the 23rd International Congress of Byzantine Studies, Belgrade, 22–27 August 2016. Plenary Papers. Belgrad 2016, 309–312.
52. Zwangsmigration in Byzanz. Kurzer Überblick mit einer Fallstudie aus dem 11. Jahrhundert, in: Th. Ertl (Hrsg.), Erzwungene Exile. Umsiedlung und Vertreibung in der Vormoderne (500–850). Frankfurt a.M./New York 2017, 59–79.
53. The Social Organization of Early Monasticism in the East. Challenging Old Paradigms, in: Monachesimi d'Oriente e d'Occidente nell'Alto Medioevo, LXIV Settimana di Studi sull'Alto Medioevo. Spoleto 2017, 33–54.
54. The Sinai Palimpsests Project, in: Sinaiticus 2017, 18–20 (mit M. Phelps).
55. Byzantine Prayer Books as Sources for Social History and Daily Life, in: Jahrbuch der Österreichischen Byzantinistik 67, 2017, 173–211 (mit E. Afentoulidou, D. Galadza, I. Nesseris, E. Schiffer, G. Rossetto); Online unter: DOI: 10.1553/joeb67s173.
(Rumänische Übersetzung: Ortodoxia 3, 2018, 156–215).
56. Von Konstantinopel nach Kärnten. Die Legende von Briccius und dem Heiligen Blut, in: J. Drauschke/E. Kislinger et al. (Hrsg.), Lebenswelten zwischen Archäologie und Geschichte. Festschrift für Falko Daim zu seinem 65. Geburtstag. Mainz 2018, 783–794.

Claudia Rapp – Schriftenverzeichnis

57. Zwischen Konstantinopel, Salzburg und Venedig – Heiligenblut in Kärnten, in: F. Daim/Ch. Gastgeber/D. Heher/C. Rapp (Hrsg.), Menschen, Bilder, Sprache, Dinge. Wege der Kommunikation zwischen Byzanz und dem Westen. Bd. 2. Mainz 2018, 351–358.
58. KatIkon. A Digital Catalog as Multi-Purpose Tool, in: P. Degni/P. Eleuteri/M. Maniaci (Hrsg.), Greek Manuscript Cataloguing. Past, Present, and Future. Turnhout 2018, 221–227 (mit Doug Emery).
59. Kaisarios Dapontes (1713–1784). Orthodoxy and Education between Mount Athos and the Danubian Principalities, in: Analele Putnei (Annals of Putna) 14, 2018, 61–80.
60. The Bible in Byzantium. Text and Experience, in: C. Rapp/A. Külzer (Hrsg.),The Bible in Byzantium. (Journal of Ancient Judaism. Supplements) Göttingen 2018, 7–10.
61. A Medieval Cosmopolis. Constantinople and its Foreigners, in: O. Heilo/I. Nilsson (Hsrg.), Constantinople as Center and Crossroad. (Swedish Research Institute in Istanbul, Transactions 23) Istanbul 2019, 100–115.
62. Contested Ground in Gaza. The Narrative of Triumphalist Christianity, in: J. Tolan (Hrsg.), Geneses. Comparative Study of the Historiographies of the Rise of Christianity, Rabbinic Judaism and Islam. London 2019, 87–97.
63. Monastic Jargon and Citizenship Language in Late Antiquity, in: al-Masaq. Journal of the Medieval Mediterranean 32/1, 2020, 54–63. Online unter: Doi: 10.1080/09503110.2019.1675027.
64. Das Wiener Euchologien-Projekt. Anlassgebete als Quelle zur Sozial- und Alltagsgeschichte, in: Das Mittelalter 24/2, 2019, 337–349. Online unter: https://doi.org/10.1515/mial-2019-0038.
65. The Use of Latin in the Context of Multilingual Monastic Communities in the Late Antique East, in: A. Garcea/M. Rosellini/L. Silvano (Hrsg.), Latin in Byzantium I. Late Antiquity and Beyond. Leiden 2019, 93–108.
66. The Monastic Laboratory. Perspectives of Research in Late Antique and Early Medieval Monasticism, in: A. I. Beach/I. Cochelin (Hrsg.), The Cambridge History of Medieval Monasticism in the Latin West. Cambridge 2020, 19–39 (mit Albrecht Diem).

67. New Religion – New Communities? Christianity and Social Relations in Late Antiquity and Beyond, in: P. Guran/D. A. Michelson (Hrsg.), Faith and Community around the Mediterranean. In Honor of Peter R. L. Brown. (Études Byzantines et Post-Byzantines, n.s. 1) Bucharest 2019, 29–45.
68. From the Holy City to the Holy Mountain. The Movement of Monks and Manuscripts to the Sinai, in: F. Daim/J. Pahlitzsch/J. Patrich/C. Rapp/J. Seligman (Hrsg.), Pilgrimage to Jerusalem. Journeys, Destinations, Experiences Across Times and Cultures. (Byzanz zwischen Orient und Okzident 19) Mainz 2020, 59–73.
69. The Early Patriarchate (325–726), in: C. Gastgeber/E. Mitsiou/J. Preiser-Kapeller/V. Zervan (Hrsg.), A Companion to the Patriarchate of Constantinople. Leiden 2021, 1–23.
70. Practice, Performance, Liturgy. Prayers before the Prayer Book, in: C. Rapp (Hrsg.), Euchologia. (Studia Patristica 108. Bd. 5. Papers Presented at the Eighteenth International Congress of Patristic Studies held in Oxford 2019) Leuven 2021, 1–4.
71. Liturgical Manuscripts and the Performance of Prayer. Historical Lessons from Other Sources, in: C. Rapp (Hrsg.), Euchologia. (Studia Patristica 108. Bd. 5. Papers Presented at the Eighteenth International Congress of Patristic Studies held in Oxford 2019) Leuven 2021, 5–16.
72. A "Chrysobull" of Justinian for Saint Catherine's Monastery (Sin. gr. 1889) in the Light of Connections between the Sinai and Constantinople in the 16th Century, in: D. Chitunashvili et al. (Hrsg.), The Caucasus between East and West II. Historical and Philological Studies in Honour of Zaza Alexidze. Tbilisi 2021, 365–377.
73. Christian Piety in Late Antiquity. Contexts and Contestations, in: H. I. Flower (Hrsg.), Empire and Religion in the Roman World. Cambridge 2021, 161–186.
74. Citizenship and Contexts of Belonging. A Postscript, in: C. Brélaz/E. Rose (Hrsg.), Civic Identity and Civic Participation in Late Antiquity and the Early Middle Ages. Turnhout 2021, 417–419. Online unter: https://www.brepolsonline.net/doi/10.1484/M.CELAMA-EB.5.123829.

75. Studying the Palimpsests in the Library of Saint Catherine's Monastery. Old Languages and New Insights, in: C. Dora/A. Nievergelt (Hrsg.), Fenster zur Ewigkeit. Die ältesten Bibliotheken der Welt. (Bibliothek und Wissenschaft 54) Wiesbaden 2021, 56–67.
76. Mobility and Migration in Byzantium. In Search of the Sources, in: F. Sabaté (Hrsg.), Ciutats mediterrànies. La mobilitat i el desplaçament de persones = Mediterranean Towns. Mobility and Displacement of People. Barcelona 2021, 109–115.
77. Secluded Place or Global Magnet? The Monastery of Saint Catherine in the Sinai and its Multi-Layered Manuscript Collection, in: L. Brubaker/R. Darley/D. Reynolds (Hrsg.), Global Byzantium. Papers of the Fiftieth Spring Symposium of Byzantine Studies. London/New York 2022, 272–288.
78. Introduction. Mobility and Migration in the Early Medieval Mediterranean, in: Early Medieval Europe 31/3, 2023, 357–359.
Online unter: https://doi.org/10.1111/emed.12645.
79. Mobility and Migration in Early Byzantium: Who Gets to Tell the Story?, in: Early Medieval Europe 31/3, 2023, 360–379.
Online unter: https://doi.org/10.1111/emed.12641.
80. A Cache of Palimpsests and Christian Manuscript Culture across the Medieval Mediterranean. First Results of the Sinai Palimpsests Project, in: C. Rapp/G. Rossett/J. Grusková/G. Kessel (Hrsg.), New Light on Old Manuscripts. The Sinai Palimpsests and Other Advances in Palimpsest Studies. Wien 2023, 39–53.
81. Introduction, in: C. Rapp/G. Rossett/J. Grusková/G. Kessel (Hrsg.), New Light on Old Manuscripts. The Sinai Palimpsests and Other Advances in Palimpsest Studies. Wien 2023, 13–20.
82. Introduction, in: E. Bonfiglio/C. Rapp (Hrsg.), Armenia and Byzantium without Borders. Mobility, Interaction, Responses. (Armenian Texts and Studies 7) Leiden 2023.
83. Between Law and Liturgy. Regulating Ritual Brotherhood, in: W. Brandes/H. Reimitz/J. Tannous (Hrsg.), Legal Pluralism and Social Change in Late Antiquity and Byzantium. (Studien zur europäischen Rechtsgeschichte 337) Frankfurt am Mai 2024, 367–377.

Claudia Rapp – Schriftenverzeichnis

Einträge in Enzyklopädien, Handbüchern etc.

1. Verantwortliche Herausgeberin für die griechische patristische und die byzantinische Literatur in der zweiten überarbeiteten Auflage von Kindlers Neues Literatur Lexikon. 20 Bde. München 1986–1992.
2. Art. 'Bishops', in: Encyclopedia of Greece and the Hellenic Tradition. Bd. 1. London/Chicago 2000, 233–235.
3. Art. 'Epiphanius of Salamis', in: Encyclopedia of Greece and the Hellenic Tradition. Bd. 1. London/Chicago 2000, 565–566.
4. Art. 'Bessarion', in: The Classical Tradition. Cambridge, Mass. 2010, 150f.
5. Art. 'Greek Anthology', in: The Classical Tradition. Cambridge, Mass. 2010, 410f.
6. Art. 'Renaissance, Byzantium', in: The Classical Tradition. Cambridge, Mass. 2010, 807–810.
7. Art. 'Bishop', in: Encyclopedia of the Bible and its Reception. Bd. 4. Berlin 2012, 66–68.
8. Art. 'Kirche und Theologie,' in: Ch. Gastgeber/D. Heher (Hrsg.), Das Goldene Byzanz und der Orient. Ausstellung auf der Schallaburg. Schallaburg 2012, 243.
9. Art. 'Heilige, Teufel und Dämonen. Frömmigkeit im Alltagsleben', in: Ch. Gastgeber/D. Heher (Hrsg.), Das Goldene Byzanz und der Orient. Ausstellung auf der Schallaburg. Schallaburg 2012, 105–117.

Rezensionen

1. V. Ruggieri, Byzantine Religious Architecture (582–867). Its History and Structural Elements. Rome 1991, in: Worship 66/6, 1992, 558–560.
2. S. Elm, Virgins of God. The Making of Asceticism in Late Antiquity. Oxford 1994, in: Bryn Mawr Classical Review 6/3, 1995, 193–196.
3. C. L. Connor/W. R. Connor, The Life and Miracles of Saint Luke of Steiris. Brookline 1994, in: Religious Studies Review 21/4, Oktober 1995, 336.
4. T. S. Miller/J. Nesbitt (Hrsg.), Peace and War in Byzantium. Essays in Honor of George T. Dennis, S.J. Washington, D.C. 1995, in: Speculum 72, 1997, 528–530.

5. R. Morris, Monks and Laymen in Byzantium, 843–1118, in: Religious Studies Review 24, 1998, 202.
6. A.-M. Talbot (Hrsg.), Holy Women of Byzantium. Ten Saints' Lives in English, Translation, in: Religious Studies Review 24, 1998, 202.
7. E. Gamillscheg/D. Harlfinger/P. Eleuteri (Hrsg.), Repertorium der griechischen Kopisten 800–1600. 3 Teil: Handschriften aus Bibliotheken Roms mit dem Vatikan, 3 Bde. Wien 1997, in: Bryn Mawr Classical Review, 4 October 1999. Online unter: ccat.sas.upenn.edu/bmcr/1999/1999-10-04.html.
8. E. Chrysos/I. Wood (Hrsg.), East and West. Modes of Communication. Leiden 1999, in: The Medieval Review 2001, 2001.09.15. (http://www.hti.umich.edu).
9. R.-J. Lilie/C. Ludwig/Th. Pratsch/I. Rochow/B. Zielke (Hrsg.), Prosopographie der mittelbyzantinischen Zeit. Erste Abteilung (641–867), 5 Bde. Berlin/New York 1999 –2001, in: Religious Studies Review 29/1, 2003, 98.
10. W. E. Kaegi, Heraclius. Emperor of Byzantium. Cambridge 2003, in: Journal of Interdisciplinary History 35.4, 2005, 626.
11. N. El Cheikh, Byzantium Viewed by the Arabs. Cambridge, Mass./London 2004, in: Middle East Studies Association Bulletin 39/2, 2005, 197.
12. S. A. Ivanov, Holy Fools in Byzantium and Beyond. Oxford 2006, in: American Historical Review, February 2009, 246.
13. S. F. Johnson (Hrsg.), Greek Literature in Late Antiquity. Dynamism, Didacticism, Classicism. Aldershot/Burlington, VT 2006, in: Classical Review 60/1, 2010, 93–95.
14. G. Hartmann, Selbststigmatisierung und Charisma christlicher Heiliger der Spätantike. (Studien und Texte zu Antike und Christentum 38) Tübingen 2006, in: Jahrbuch für Antike und Christentum 52, 2009, 188–191.
15. P. Norton, Episcopal Elections 250–600. Hierarchy and Popular Will in Late Antiquity. Oxford 2007, in: Zeitschrift für Antikes Christentum/Journal of Ancient Christianity 14/3, 2010, 624–627.
16. G. Traina, 428 AD. An Ordinary Year at the End of the Roman Empire. Princeton/Oxford 2009, in: Catholic Historical Review 97/2, 2011, 342–343.

17. P. Armstrong (Hrsg.), Authority in Byzantium. Aldershot 2013, in: Historische Zeitschrift 300, 2015, 432.
18. Saints and Hagiography. The View from Constantinople, in: Church History 85:4, 2016, 786–792 (Rezension zu R. Bartlett, Why Can the Dead Do Such Great Things? Saints and Worshippers from the Martyrs to the Reformation, Princeton 2013).
19. I. Ramelli, Social Justice and the Legitimacy of Slavery. The Role of Philosophical Asceticism from Ancient Judaism to Christianity. Oxford/New York 2016, in: Journal of Roman Studies 104, 2018, 313–314.
20. Ch. Stephens, Canon Law and Episcopal Authority. The Canons of Antioch and Serdica. Oxford 2015, in: Zeitschrift für Antikes Christentum/Journal of Ancient Christianity 22/1, 2018, 364–365.

Weitere Publikationen

1. Nachruf Walter Koch, Österreichische Akademie der Wissenschaften. Almanach 2020.
2. Alte Schriften. Antike Götter in der Klosterbibliothek, in: Spektrum der Wissenschaft 10, 2022, 78–83 (mit G. Rossetto, D. Kasotakis).

Bildnachweise
Umschlagabbildung: Titelabbildung Porträt Karl Christ
(Ausschnitt aus der Originalphotographie)
© Barbara Klemm, mit freundlicher Genehmigung.
Porträt Karl Christ auf S. 8 © Familienbesitz Christ,
die Bilder der Festveranstaltung auf den Seiten 13, 19, 27, 44, 65:
© Frederike Asael, Bern.

Preisträger des Karl-Christ-Preises

2013   Wilfried Nippel
2015   Mischa Meier
2017   Elke Stein-Hölkeskamp und Karl-Joachim Hölkeskamp
2019   Martin Jehne
2021   Klaus Hallof
2023   Claudia Rapp